Ylva Eggehorn

Frauen in der Bibel

YLVA EGGEHORN

Frauen in der Bibel

Bibel verstehen

Aus dem Schwedischen
von Rainer Haak

HERDER

FREIBURG · BASEL · WIEN

Die zitierten Texte aus der Bibel wurden für diese Ausgabe von Rainer Haak neu ins Deutsche übertragen.

FSC
www.fsc.org
MIX
Papier aus verantwortungsvollen Quellen
FSC® C106847

Neuausgabe 2012

Titel der schwedischen Originalausgabe:
Kryddad olja – Kvinnor i Bibeln
Erschienen bei Libris förlag, Örebro, Schweden

Bisheriger Titel: Ich hörte Saras Lachen. Frauen in der Bibel

www.herder.de

Umschlaggestaltung: Christian Langohr, Freiburg
Umschlagmotiv: Sich kämmende Frau, Sixtinische Kapelle, Lünette XIX (Amminadab)

Satz: werkdruck - Thomas Hein
Herstellung: fgb · freiburger graphische betriebe
www.fgb.de

Printed in Germany

ISBN 978-3-451-30665-5

Inhaltsverzeichnis

Vorwort
Frauen in der Bibel

Als Kind las ich alle möglichen Erzählungen und Geschichten, ohne weiter darüber nachzudenken, ob sie von Jungen oder Mädchen handelten. Ich identifizierte mich gleichermaßen mit allen Hauptpersonen, die ich aufregend oder interessant fand. Sie alle konnten in meine Haut schlüpfen – von Pippi Langstrumpf bis Tom Sawyer – und ich in ihre. Als ich dann anfing, Bücher für Erwachsene zu lesen – und das tat ich schon sehr früh –, behielt ich dieses Verhalten noch lange bei. Ich bewegte mich völlig frei zwischen Sherlock Holmes und Kristin Lavranstochter, zwischen dem Samuel von Sven Delblanc und der Anna-Stava von Sara Lidman.

Ich musste erst erwachsen werden, ja, ich war bereits eine Frau mittleren Alters, als ich entdeckte, dass es auch eine *weibliche* Art und Weise geben könnte, eine Geschichte zu lesen, eine unbewusste Fähigkeit, beide „Sprachen" zu sprechen, die männliche und die weibliche, und beide zu verstehen. Für Frauen ist die Kompetenz, zwischen verschiedenen Erfahrungswelten hin und her zu wechseln, wohl äußerst wichtig. Männer dagegen kommen gut damit zurecht, vor allem die männliche Sprache zu beherrschen.

Nun gibt es genügend viele literarische Werke von genügend vielen männlichen Verfassern, durch die der Eindruck entstehen könnte, Männer hätten ein reiches, vielfältiges Bild vom Leben. Es gibt genügend Hilfsmittel für Männer, äußerlich und innerlich zurechtzukommen, ohne dass sie bemerken, was ihnen in Wirklichkeit fehlt.

Ich muss an verschiedene Schriftsteller denken, mit denen ich befreundet bin, Männer, die durchaus fähig sind, zwischen den „zwei Sprachen" hin und her zu wechseln. Aber das kann einfach daran liegen, dass es Schriftsteller sind. Die meisten Künstler haben ein Einfühlungs- und Wiedergabevermögen, das den normalen Horizont übersteigt.

Welches Einfühlungsvermögen aber ist nötig, so frage ich mich, was das Lesen von religiösen Texten betrifft? Wieso konnten zu allen Zeiten Menschen die Erfahrung machen, dass Gott durch die Texte zu ihnen redet?

Gibt es eine weibliche Art und Weise, an Gott zu glauben und von ihm zu reden? Eine weibliche Weise, die Bibel zu lesen?

Ich bin da nicht sicher. Sicher bin ich jedoch, dass Frauen Bibeltexte von ihrer Lebenserfahrung her lesen, mit ihren Erfahrungen als Resonanzboden. Auf diese Weise können sie bei dem einen oder anderen dieser Texte etwas entdecken, was Männer nur schwer auf dieselbe Weise zu sehen vermögen. Erfahrungen können allgemein menschlich sein. Aber sie können auch spezifisch weiblich sein. Die Erfahrung, eine Frau zu sein oder als Frau bezeichnet zu werden, als Frau behandelt, bejaht oder infrage gestellt zu werden, unterscheide ich von der Erfahrung, ein Mann zu sein oder als Mann bezeichnet zu werden.

Als ich als Erwachsene nach langer Zeit wieder die Geschichte der kinderlosen Sara las, von dem Versprechen und seiner Erfüllung, dass sie noch im hohen Alter ein Kind bekommen würde, da begegnete ich dem Text mit meiner spezifisch weiblichen Erfahrung. Ich hatte mehrere Fehlgeburten erlitten und wusste etwas von der großen Freude, die ein ersehntes Kind in einem Menschen wecken kann – und von der tiefen Trauer, die ein verlorenes, ungeborenes Kind bei einer Frau hervorrufen kann. Ich hörte in Saras Lachen etwas Neues, das ich vorher nicht gekannt hatte. Ich hörte die Bitterkeit von jemandem, der glaubt, dass die Hilfe zu spät kommt.

Als ich dieses Buch schrieb, war mir genau das wichtig: Die Erfahrungen, die ich im Laufe meines Lebens gesammelt hatte, und die Texte über Frauen, die ich aus der Bibel auswählte, sollten aufeinandertreffen. Über Texte der Bibel wurden bisher mehr Bücher von Männern als von Frauen geschrieben. Erst wenn viel mehr Frauen diese Texte mit ihrem eigenen Leben als Resonanzboden lesen, werden wir verstehen, worum es darin geht. Wir sind erst am Anfang. Ich weiß nicht, welche Konsequenzen das für unsere Weise, an Gott zu glauben und über ihn zu reden, haben wird. Aber es reicht nicht aus, einfach überall in der Bibel „er“ gegen „sie“ auszutauschen. Ich glaube nicht, dass immer der Text das Problem ist. Es geht vielmehr darum, wie wir lesen und wie wir aufeinander hören. Wie lesen Sie?

Hagar

Subjekt werden im eigenen Leben

Hagar gab dem Herrn, der mit ihr gesprochen hatte,
einen Namen: „Der Gott des Sehens."
Denn sie dachte: „Habe ich nicht hinter dem
hergesehen, der mich angesehen hat?"

Genesis / 1. Mose 16,13

Wir wissen nicht, wie sie aussah. Vielleicht hat niemand sie jemals angeschaut mit dem Wunsch, sie näher kennenzulernen. Zu Beginn dieser Erzählung ist sie sogar kaum ein Mensch. Sie ist eher ein Gegenstand. Ein Teil vom Mobiliar, ein Haushaltsgerät. Wenn sie schön war, warf man vielleicht einen zerstreuten Blick auf sie, so wie man auf eine interessant geformte Kanne oder ein Glas blickt.

Hagar kommt aus Ägypten. Sie ist eine Sklavin. Ein Geschenk des ägyptischen Herrschers, des Pharao, an Abraham und Sara. Die Erzählung von Hagar im ersten Buch der Bibel handelt von einer machtlosen Frau, einer ausgenutzten Frau, einer Frau, die ohne gefragt zu werden, in ein Familiendrama hineingezogen wird, in einen Machtkampf.

Das ist eine sehr alte Geschichte, mit tiefen Wurzeln in unserer gemeinsamen Vergangenheit. Sie enthält Begebenheiten und Taten, die mir fremd sind und mich erschauern lassen. Ich glaube nicht, dass man sich ohne Weiteres identifizieren kann mit Männern oder Frauen, die in einer fremdartigen Kultur vor mehreren tausend Jahren lebten. Wir behaupten gern, dass alle menschliche Erfahrung universell ist und die meisten Erlebnisse nachzuempfinden sind, trotz des zeitlichen und sonstigen Abstands. Manchmal bin ich mir da gar nicht so sicher.

Werfen Sie nur einen Blick auf den Hintergrund dieser Geschichte. Wir erfahren, dass Abraham ein reicher und mächtiger Mann aus der Stadt Ur im alten Mesopotamien ist. Er bricht auf, verlässt das gewohnte und sichere Leben gemeinsam mit seiner Frau Sara,

Verwandten, Dienern, Vieh und Habe, und macht sich so mit einer ganzen Karawane auf den Weg, ohne ein bestimmtes Ziel: Eine Eingebung, die er „Gottes Stimme“ nennt, hat ihn aufgefordert, sich auf die Suche nach einem unbekannten Land zu machen, das ihm gehören soll. Dort, in einer unbekannten Zukunft, soll er Ursprung eines neuen Volkes werden. Es soll ein Volk sein, das nicht zuerst durch seinen Anspruch auf ein bestimmtes Land charakterisiert werden kann, auch nicht durch seinen Ursprung oder seine Geschichte, sondern durch das risikoreiche Vertrauen auf einen unsichtbaren, rätselhaften Gott, der im Unterschied zu den Göttern der Nachbarvölker (und denen zu Hause in Ur) eine einzige übergreifende und universelle persönliche „höchste Macht“ ist. Absolut in seiner Souveränität, aber großzügig und mitfühlend, voll Anteilnahme an den irdischen Vorhaben der Menschen.

Nennen Sie es eine soziale Erfindung, einen bedeutenden Sprung in der Geschichte des menschlichen Bewusstseins – diese Einstellung war einzigartig in der damaligen Zeit und Umwelt und bedeutete als solche bereits einen Aufbruch. So haben auch hunderttausende Menschen in jeder Generation die alte Erzählung von Abrahams und Saras Suche gelesen – der Suche nach einem Land, in dem das neue Vertrauen gelebt und ausgedrückt werden kann. Und wir nicken, weil wir etwas wiedererkennen und meinen, eine Bestätigung für unsere Einstellung zu finden und damit zugleich für die Grundlagen unserer Zivilisation. Wir nicken, bis wir lesen, wie der Besuch von Abraham und Sarai (später wird sie Sara genannt) beim Pharao in Ägypten abläuft:

Eine Hungersnot brach im Land aus. Sie wurde so schwer, dass Abraham nach Ägypten ziehen musste, um dort eine Zeit lang zu leben. Als er fast am Ziel war, sagte er zu seiner Frau Sarai: „Du bist eine schöne Frau. Wenn die Ägypter dich sehen und erfahren, dass du meine Frau bist, werden sie mich töten und dich leben lassen. Darum sag, dass du meine Schwester bist. Dann wird es mir durch dich gut gehen, und ich bleibe am Leben."
Als Abraham nach Ägypten kam, sahen die Ägypter, dass Sarai eine sehr schöne Frau war. Auch die Höflinge des Pharao sahen sie und priesen ihre Schönheit vor ihrem Herrn, und so wurde sie zum Hof des Pharao geführt. Abraham wurde ihretwegen gut behandelt: Er bekam Schafe und Rinder, Sklaven und Sklavinnen, Esel und Kamele. Doch der Herr schlug Pharao und seinen Hof mit schweren Plagen wegen Sarai, der Frau Abrahams. Da rief der Pharao Abraham zu sich und sagte: „Was hast du mir angetan? Warum hast du mir nicht gesagt, dass sie deine Frau ist? Warum hast du sie als deine Schwester ausgegeben, sodass ich sie zur Frau nahm? Nimm sie und geh!" Und Pharao befahl seinen Männern, Abraham aus dem Land hinauszuführen mit seiner Frau und allem, was ihm gehörte.

Genesis / 1. Mose 12, 10-20

Was ist hier eigentlich los? Warum zwingt Abraham Sara zu lügen? Was sagt das über ihre Beziehung zu Wahrheit und Vertrauen – und über seinen Respekt ihr gegenüber, seine Macht über sie? Wie kann er aushalten, dass es genau so kommt, wie er es befürchtet hat: dass der Pharao mit seiner Frau schläft? Und warum nimmt er all die Geschenke an, mit denen der Pharao seine Kamele belädt, um ihn zu bestechen. Er behielt sie sogar, als der Skandal schon Tatsache war und sie den Palast des Pharao verlassen mussten? Hätte er sich nicht schämen, die Gaben dankend ablehnen und Sara um Vergebung bitten müssen?

Das ist charakteristisch für die biblischen Erzählungen, dass die Personen darin selten oder nie als Helden geschildert werden. Abraham ist mit seiner Art zu leben kein Vorbild. Er ist mutig, als er aus seinem gewohnten Dasein aufbricht, aber er erweist sich in anderen Situationen auch als feige und berechnend. Das gilt für Männer und Frauen in der Bibel: Bemerkenswert an ihrem Leben ist, dass Gott in ihrem Alltag wirkt, dass er in die menschliche Geschichte eingreift, aber nicht, dass Menschen religiös oder politisch korrekt sind.

Es ist empörend und manchmal abstoßend zu erfahren, was Personen in den biblischen Erzählungen anstellen: Sie provozieren uns zu Stellungnahmen, und wahrscheinlich soll es gerade so sein – wir sind eingeladen, in die Arena zu steigen und mitzuspielen oder anzugehen gegen das, was in den Erzählungen geschieht, und man kann kaum sagen, dass die Texte unsere Fähigkeit unterschätzen, für das Gehörte Verantwortung zu übernehmen. Manche von uns haben diese Erzählungen vielleicht schon als Kinder gelesen und sie anders verstanden, zum Beispiel so, dass alles in der Bibel ohne Weiteres als Norm für ein richtiges Leben gesehen werden soll (und man deshalb einen großen Teil „wegerklären" muss). Doch diesen Irrtum erkennen wir schnell, wenn wir „erwachsen" lesen.

Hagar ist eines der Geschenke. Zusammen mit Teppichen, Juwelen, Kräutern, Trinkgefäßen und den ausgewählten Kamelen aus dem Stall des Pharao. Lassen Sie uns annehmen, dass sie am ägyptischen Hof im Palast diente. Nur das Beste ist gut genug. Vielleicht gilt sie als schön, geschickt und brauchbar. Lassen Sie uns nur nicht glauben, dass man sie als Person betrachtete. Sie ist ein Objekt, ein Gegenstand, sicher kostbar, aber ohne Entscheidungsfreiheit, ohne Kontrolle über ihr eigenes Leben.

Zusammen mit anderen Sklaven reist sie aus ihrer bekannten Welt ins Unbekannte. Niemand fragt nach ihrem Vertrauen. Das ist nicht interessant. Niemand fragt danach, was sie braucht. Sie existiert für den Bedarf anderer.

Sara und Abraham sind abgespannt, als sie aus Ägypten aufbrechen. Nichts hat sich so entwickelt, wie sie es gedacht und gehofft hatten. Sie sollten doch ein großes Volk werden, aber inzwischen ist Sara zu alt, um überhaupt noch ein Kind zu bekommen. Sie sollten doch ein neues Land finden, doch bald werden sie nur noch eine Grabstätte haben, für die Abraham nach langen Verhandlungen einen hohen Preis bezahlen muss. Sie kommen vom Pharao, beladen mit kostbaren Gaben, aber wer soll das alles einmal erben? Wie wird die Zukunft aussehen?

Die Zeit vergeht, und Saras Blick folgt Hagar, als die junge Frau am Morgen ihren Aufgaben im Lager nachgeht. Alles geht ihr schnell von der Hand. Sara selbst bewegt sich schwerfällig, ihre Gelenke sind abgenutzt. Sie hat die Wechseljahre längst hinter sich und keine

Hoffnung mehr auf den von Gott verheißenen Sohn. Vielleicht war das Versprechen auch nur ein schöner Traum. Aber wenn die Familie doch noch auf irgendeine Weise weiterleben soll, muss sie eine alternative Lösung finden. Sara entschließt sich, zu Abraham zu gehen und zu sagen, dass er mit Hagar ein Kind zeugen solle. Es ist nichts Schändliches dabei, diesem alten Brauch zu folgen. Hagar wird die Ersatzmutter, sie ist ja ihr Eigentum und hat kein eigenes Recht auf das Kind, das sie zur Welt bringt.

Vielleicht wäre Hagars Name niemals in den Kanon der Heiligen Schrift aufgenommen und an die Nachwelt überliefert worden, wenn sie nicht in die Erzählung von Abraham und Sara hineingezogen worden wäre. Sie ist ja eigentlich ein Nebengleis. Sie wird in einer Notlage gerufen, als die Erzählung kurz vor der Havarie steht. Das Hauptgleis sollte davon handeln, dass Sara das Kind bekommt, das Gott Abraham versprochen hat – einen Sohn als ersten Spross einer zahllosen Nachkommenschaft, ähnlich wimmelnd und grenzenlos wie die Sterne am samtschwarzen Wüstenhimmel. Wenn das nicht geht, dann fühlen sich Abraham und Sara gezwungen, einen anderen Plan zu wählen. Plan B, der nächstbeste.

Es scheint für Sara kein großes Problem gewesen zu sein, Abraham zu überreden. Und es lässt nicht lange auf sich warten, bis Hagar alle Zeichen einer Schwangerschaft zeigt.

Es kommt wie erwartet. Die Erde zittert unter einer verschmähten Frau, die endlich einen Mann bekommt, unter einer Sklavin, die ihre Herrin verdrängt. So steht es in den Sprüchen Salomos nachzulesen. Endlich kann sich Hagar gerade aufrichten. Die Schwangerschaft gibt ihr Anerkennung. Sie, die bisher in der Rangordnung ganz unten war, trägt jetzt das Kind des Anführers Abraham in sich. Sara sieht den Hohn in Hagars Blick. Der Schmerz wird unerträglich. Sara, die geglaubt hatte, endlich mit ihrer Trauer leben zu können, spürt jetzt, wie sie wieder erwacht. Es entsteht ein Konflikt zwischen den Frauen. Die Spannung zwischen ihnen wächst. Und eines Tages schlägt Sara ihre Sklavin direkt ins Gesicht, nach einem Streit über eine Kleinigkeit, der schnell eskaliert und plötzlich zur Explosion kommt.

Aber etwas ist mit Hagar geschehen. Ihr Selbstbild hat sich verändert. Das hier wird sie nicht schweigend entgegennehmen. Vielleicht hat sie auch Angst bekommen vor der Dunkelheit in Saras Blick. Hagar flieht hinaus in die Wüste, außerhalb des Nomadenlagers. Aber von dort führt kein Weg weiter. Es gibt keinen Weg in die Zukunft für eine Sklavin, die frei sein will, aber sich nicht selbst befreien kann. Sie ist einsam, ausgesetzt und verzweifelt. Und gerade, als kein Weg weiterführt, glaubt sie eine Stimme zu hören: „Hagar, ich habe dich gesehen. Ich kenne dein Leiden. Ich bin bei dir, und ich werde dir helfen. Geh zurück zu Abrahams Lager und bringe dort dein Kind zur Welt."

Sie reißt sich zusammen und geht zurück zum Lager, gestärkt durch die Stimme, die sie gehört hat. Und sie gebärt ihr Kind, einen Sohn, Ismael.

Sara bekommt zu guter Letzt auch einen Sohn, Isaak, gegen alle natürlichen Spielregeln, durch ein Wunder. Die ursprüngliche Verheißung erfüllt sich auf eine Art und Weise, wie es niemand zu hoffen gewagt hätte. Und die beiden Halbbrüder wachsen zusammen auf. Sara ist eine kluge Frau voller Lebenserfahrung, und als sie die beiden Jungen miteinander ringen und streiten sieht, ahnt sie bereits, welche Konflikte möglicherweise in der Zukunft zu erwarten sind. Wer ist der rechtmäßige Erbe des verheißenen Landes? Da geht Sara mit einem neuen Appell zu Abraham: „Du musst zusehen, diese Frau und ihren Sohn loszuwerden."

Dieses Mal wird es nicht so leicht, Abraham zu überreden. Er zögert. Vielleicht liebt er sie beide, Hagar und Ismael. Aber schließlich, nach einem intensiven nächtlichen Traum, fasst er seinen Beschluss. Er schickt Hagar und Ismael hinaus in die Wildnis, mit etwas Wasser und Verpflegung als Reiseproviant. Das ist nur eine Geste. Alle wissen, dass sie nicht überleben können. Die Tragödie ist eine Tatsache.

Die Nahrung ist aufgebraucht, das Wasser ebenso. Hagar ist verwirrt vor Schmerz, erschöpft, deprimiert. Sie geht in der Wüste im Kreis. Zuletzt legt sie das Kind unter einen Strauch und setzt sich ein Stück von ihm entfernt hin, „im Abstand von einem Bogenschuss", um nicht das Jammern des sterbenden Kindes hören zu müssen. Richten Sie die Augen auf diesen Bogenschuss. Das scheint nur ein Detail zu sein, aber es ist ein ebenso wichtiges Detail wie eine Brille oder ein paar Schlüssel auf dem Tisch in einem Film von Alfred Hitchcock. Von nun ab konzentriert sich die ganze Erzählung auf eine knappe, bildreiche Sprache – voll bedrückender Tragweite wie in einer alten isländischen Saga.

Das Kind hat aufgehört zu weinen und wird gleich

sterben. Hagar ist vor lauter Verzweiflung völlig apathisch. Eine der stärksten Triebkräfte in ihrem Leben – dafür zu sorgen, dass ihr Kind überlebt – ist zerstört. Sie ist nicht in der Lage, bei ihrem Sohn zu sein, wenn er stirbt, er, dem sie am nächsten steht.

Da ist wieder die Stimme zu hören. „Hagar, ich sehe dich. Ich höre dein Kind. Ich will dir helfen. Es gibt hier eine Quelle, die du nicht gesehen hast."

Trauer und Schmerz führen oft dazu, dass man nicht alles richtig sieht und wahrnimmt. Die Stimme lässt Hagar die Möglichkeit sehen, die sie selbst nicht bemerkt hat. Danach benennt sie den Platz, an dem sie Wasser gefunden hat, *Beer-Lahai-Roi*. Das bedeutet: Er, der mich sieht. Der Gott des Sehens.

Ana, der Schwiegervater von Esau, fand warme Quellen in der Wüste. Er wurde dafür zu Recht berühmt. Nichts in der Wüste ist so wichtig wie Wasser. Brunnen zu finden und zu verwalten war das Vorrecht der Männer. Aber Hagar war die Erste, schon eine Generation früher. Auf Brunnen und Quellen passte man gut auf. Dieser war unbekannt, noch ohne Namen.

Durch die Entdeckung wurde Hagars Apathie überwunden. Sie konnte wieder fühlen und reagieren. Sie nahm das Kind auf und gab ihm zu trinken. Zusammen beginnen sie ein neues Dasein.

Das ist die Wende im Leben von Hagar. Sie ist nicht länger ein Gegenstand, ein Objekt. Von jetzt ab sind zwei Sachen von ihr bekannt: Sie übernimmt die Verantwortung für die Ausbildung ihres Sohnes und sorgt dafür, dass er eine gute Frau bekommt. Er wächst auf und wird – ein guter Bogenschütze! Da kommt der Bogenschuss zurück, Verzweiflung wird zu einer Hilfsquelle. Vielleicht wurde Ismaels Blick damals geschärft, als seine Mutter in der Wüste nicht mehr in der Lage war, für ihn zu sorgen; er brauchte Sehschärfe und Treffsicherheit, um zu überleben. Hagar sieht zu, dass er eine Frau aus Ägypten findet, ihrem Heimatland. Die erste alleinstehende Mutter in der Bibel ist eine Frau, die handelt und Entscheidungen trifft. Sie wird Subjekt in ihrem eigenen Leben, eine Frau, die die Zukunft umgestaltet.

Aber sie tut noch etwas anderes, sie gibt Gott einen neuen Namen: „Er, der mich sieht." Und sie fragt nach der Begegnung mit der Stimme, mit dem Gott des Sehens: „Habe ich wirklich einen Schimmer erfahren von dem, der mich sieht?"

Hier überschreitet die Erzählung die Grenze dessen, was wir normalerweise als Ehrenrettung erhoffen. Hagar, eine fremde Frau aus einem fremden Land und einer fremden Religion, vollführt einen sprachlichen und theologischen Akt, den sich zu der damaligen Zeit niemand von einer Frau vorstellen kann: Sie gibt dem Leben einen Namen. Sie gibt eine theologische Erklärung ab. Sie erschafft. Sie erfindet.

Ein Objekt könnte so etwas niemals tun. Sie gibt Gott einen Namen, so als würde sie einen unbekannten Brunnen in einer theologischen und machtpolitischen Wüste benennen. Einen Namen, der aus ihrer Lebenserfahrung stammt. Einen Namen, den Gott niemals vorher gehabt hat. Einen Namen, den nur sie Gott geben kann. Und die Erzählung davon ist über

Generationen überliefert, damit auch wir daran teilhaben können – trotz aller Konflikte und allem Hass, die sich später entwickelten zwischen den beiden, die sich als rechtmäßige Nachkommen ansahen, Ismael und Isaak. Das ist tatsächlich äußerst erstaunlich! Dass Hagar das Recht erhielt, Gott einen neuen Namen zu geben, war theologisch und politisch absolut inkorrekt. Aber Gott gab ihr dieses Recht.

Gott einen Namen zu geben, den er niemals vorher gehabt hat – aus meiner eigenen Lebenserfahrung oder aus meiner Begegnung mit Gott –, das könnte ein Auftrag für jeden von uns sein. Vielleicht hat Gott Tausende von Namen, die noch niemals ausgesprochen worden sind.

In der islamischen Tradition heißt es, dass Gott hundert Namen hat. 99 von ihnen sind bekannt, aber einer ist weiterhin ein Geheimnis. Vielleicht, so frage ich mich manchmal, ist der geheime Name ja gerade der, von dem Gott erwartet, dass ich ihn ausspreche. In derselben Tradition heißt es, dass nur die Kamele die hundert Namen Gottes kennen – und dass sie deshalb so arrogant aussehen, wenn sie die Menschen betrachten. Lassen Sie uns etwas in die Ohren der Kamele flüstern, das diese Arroganz in Betroffenheit und Erstaunen verwandelt.

Sara
Die Frau, die lachte

Sara bekam Angst und sagte:
„Ich habe nicht gelacht."
Aber der Herr sagte:
„Doch, du hast gelacht."

Genesis / 1. Mose 18,15

Sara ist die Frau von Abraham, und sie verlässt die Stadt Ur gemeinsam mit ihm, vermutlich früh am Morgen. Dann ist die Luft hier in den Bergen noch nasskalt, und durch die Täler ziehen Wolken und bringen Sprühregen mit, dort, wo die Karawane sich langsam entfernt mit all den Tieren, Gepäckstücken, Dienern, Geschenken und Vorräten, was man eben so braucht, wenn man das Alte hinter sich lässt und sich auf die Suche nach etwas Neuem und Unbekanntem begibt. Wenn die Nachbarinnen bereits aufgestanden sind, folgen sie ihr vielleicht mit Blicken von einem der Brunnen in der Stadt, wo sie Wasser holen für den Vormittag. Eben noch war sie eine von ihnen. Jetzt löst sie sich aus den alten, vorgeprägten Bildern und ist dabei, eine andere zu werden – anonym, unbekannt, unbeschrieben.

Sara folgte Abraham, als er aufbrach mit dem Versprechen Gottes, ihn in ein neues Land zu führen. Was wäre geschehen, wenn sie sich geweigert hätte? „Reise du, ich bleibe hier." Vielleicht zog sie unter Protest mit und hatte keinen Einfluss auf die Entscheidung. Aber ebenso ist es vorstellbar, dass sie die treibende Kraft war oder wenigstens genauso offen für das Neue war wie er. Keiner von uns weiß das. Fest steht, dass sie mitreiste und alles verließ, was sie kannte und was ihr Sicherheit gab.

Die Bibel berichtet das äußere Geschehen, aber blickt selten in das Innere eines Menschen. Wir können nur Vermutungen anstellen und versuchen, uns einzufühlen: Was waren ihre inneren Motive? Die Erzählungen berichten, was geschah. Sie sagen so gut wie nichts über

Gefühle. Das ist streng, archaisch, konzentriert auf das Äußere.

Sara ist die Frau des Anführers, das gibt ihr Macht. Zugleich ist sie ihrem Mann untergeordnet. Er beschützt sie, aber herrscht auch über sie. Es ist undenkbar, dass sie eigene Entscheidungen fällen kann. Sie lebt im Schwebezustand zwischen Macht und Ohnmacht.

Es ist verständlich, dass wir unsere Fantasie befragen, was wir dort einfügen können, wo die Erzählung nur Schweigen bietet. Wir wissen nur, dass sie sich mit auf die Reise machte und dass sie vergebens gehofft hatte, ein Kind zu bekommen – das Einzige, was einer Frau in jener Zeit Wertschätzung brachte. Das neue Land stellt sich als Täuschung heraus. Die Versprechungen führen sie in ein räumliches und zeitliches Niemandsland. Sie verliert das Vergangene, und eine Zukunft ist nicht in Sicht. Auf ihr liegt die Bürde, dass sich das Versprechen erfüllen soll: Ein großes Volk, so hatte Gott versprochen, zahlreicher als die Sterne am Nachthimmel, soll das neue Land bewohnen. Und wo ist das erste Zeichen, ein Kind aus dem Samen Abrahams und dem Schoße Saras? So weit entfernt wie ein Stern!

Abraham verlässt sie nicht, obwohl sie unfruchtbar ist. Die Erzählung deutet auf ihre Weise an, dass die Beziehung trotzdem für beide viel bedeutet, was ihn dazu bringt, ihr treu zu sein. Aber vor allem ist er Gott treu. Gott kann nicht lügen, egal, ob wir sehen, dass sein Versprechen in Erfüllung geht, oder nicht. Abraham gibt sein Leben und seine Ehre als Pfand für den unsichtbaren Absender des Versprechens. Wäre es ihm allein um die Zukunft seiner Familie gegangen, hätte er vielleicht doch nicht so lange Geduld gehabt. Aber um Gottes Willen hält er fest an Sara.

Eine der vielen Autorinnen und Autoren, die sich in die Situation von Sara eingefühlt und eingelebt haben, ist die kanadische Dichterin Lorna Crozier. Sie malt ein schmerzhaftes und erschreckendes Bild, das von Abrahams und Saras Besuch bei dem ägyptischen Herrscher handelt.

Saras Kinderlosigkeit

Alte Frauen, die in jungen Jahren
an Pharao verkauft worden sind,
badeten mich in sonnengewärmtem Wasser,
streichelten meine Brüste und Hüften mit Blütenblättern,
zerkleinert für die Schönheit –
Lotus, Asphodelia, Gardenie.
Vorsichtige Berührungen auf meiner Haut
mit den braunen Fingern der Frauen.

Er war kleiner als mein Mann.
Er hatte traurige Augen.
Pharao lag auf mir, so leicht,
es war, als würde ich emporsteigen,
unter mir bewegte sich nur mein Schatten.
Er stöhnte, und ich hörte das Heulen der Plagen,
die losgelassenen Hunde des Himmels.
Als sein Volk starb, einer nach dem anderen,
rief er nach Abraham:
Was hast du getan? Warum nennst du sie Schwester?

Mein Leib war auseinander gerissen.
Abraham ritt mit mir nach Bethel,
beladen mit Pharaos Gold für unseren einzigen Gott,
mit den fettesten Kühen,
Eselinnen und Kamelen, die bald gebären sollten.
In meinem Leib spürte ich die erste Bewegung –
Ägypten will entstehen.
Jeden Tag nahm ich das Gift,
wie die Frauen in meinem Stamm
es seit Jahrhunderten getan haben.
Innerhalb einer Woche hörten
die Zuckungen und das Flackern auf.
Ich schleppte mich selbst fort vom Tod,
ich spülte den bitteren Geschmack aus meinem Mund.
Viele, die dasselbe getan hatten, haben nicht überlebt –
meine Tante, meine kleine Schwester,
die beste Freundin meiner Mutter.
Blassgelb wurden sie an der Biegung des Flusses begraben.

Abraham verleugnete mich noch einmal.
Es steht geschrieben, dass Abimelech, König von Gerar,
mich niemals berührte. Drei Nächte
trennte er die Vorhänge um mein Bett.
Wir verließen sein Land mit Schafen und Rindern,
der Ledersack meines Mannes war schwer
von tausend Silbermünzen, ein gnadenloser Preis.
Ich wusste, dass ich durch das Gift sterben würde.
So biss ich in einen Lederriemen,
schlug mit Steinen auf meinen Bauch,
bis das Blut herausströmte.

Ich war neunzig Jahre alt, als der Herr zu Abraham sagte,
dass ich ein Kind bekommen würde.
Verhöhnt wegen meines Lachens
lachte ich wieder, als die Engel zu meinem Zelt kamen,
Isaaks Same war ein Funke, der von ihnen zu mir
aufblitzte.
Mein Schoß brannte wie der einer jungen Frau,
bevor sie mit einem Mann schläft,
bevor sie die kleinen Toten tief in ihrem Leib hält.

Lorna Crozier

In den achtziger Jahren bekam ich den Auftrag, ein Oratorium über die geschnitzten Holzfiguren an der Kanzel im Dom von Linköping zu schreiben. „Maria durch ein Dornwald ging" wurde als Titel gewählt. Ich begann die Arbeit an dem Werk mit einigem Zweifel. Da waren Adam und Eva, Abraham und Sara, Jakobs Flucht, die Begegnung zwischen Elisabet und Maria. Die Erzählungen hatte ich in der Volksschule gehört. Fräulein Molin hatte uns aus der Kinderbibel von Ester Salminen vorgelesen. Ester Salminen hatte die seltene Gabe, weder zu moralisieren noch ins Sentimentale abzugleiten. Sie schrieb einfach und würdevoll, mit großem Respekt vor der kindlichen Fähigkeit, die großen Fragen des Lebens zu verstehen. Doch manchmal, nachdem Fräulein Molin das Buch zugeschlagen hatte, konnte sie es sich nicht verkneifen, einen eigenen Kommentar zu dem eben gelesenen Text abzugeben. Die bewegende, außergewöhnliche Erzählung von Jakob, dem Betrüger, dem Gott trotz allem bis in die Verbannung folgte, reduzierte sie auf ein Erziehungsprinzip: „Denkt immer daran, Kinder, dass man niemals neidisch auf seine Geschwister sein soll." So war das, damals in den fünfziger Jahren, wahrscheinlich mit gutem Grund. Wir Kinder sollten schließlich vorbereitet werden auf eine Gesellschaft, in der Verantwortung und Solidarität zählten und nicht das Raffen auf Kosten anderer.

Aber das führte eben dazu, dass diese Erzählungen mit den Bildern und Vorstellungen der Kindheit verknüpft wurden. Erst als ich mit der Arbeit an dem Oratorium begann, wurde mir bewusst, dass diese Erzählungen von erwachsenen Menschen handelten und sich vor allem an erwachsene Leser richteten. Eine große Hilfe dabei, das zu erkennen, war für mich der jüdische Schriftsteller Elie Wiesel. Er hat auf eine sehr persönliche Weise, die mich tief berührt hat, über einige der Hauptpersonen in den biblischen Erzählungen geschrieben. Er vereinfacht nicht. Er stürzt sich in die Texte mit allen Fragen und Vorbehalten eines Erwachsenen. Er liest sie mit seiner eigenen Lebenserfahrung als Resonanzboden. Und er inspirierte mich, es auch so zu tun.

Nur eine erwachsene Frau kann den Schmerz in ihrem Körper kennen und die Trauer, dass ihr ersehntes Kind nicht geboren wird. Irgendwo muss die Trauer Sara mit voller Wucht getroffen haben. Wenn sie eine Fehlgeburt erlitten hat, muss das genauso weh getan haben wie eine Fehlgeburt heute. Als ich mich ihr aus dieser Perspektive näherte, begann ich langsam sie zu verstehen. Wir treffen sie im Wäldchen von Mamre an einem normalen Tag viel später in ihrem Leben. Auf irgendeine Weise hat sie sich vielleicht schließlich noch versöhnt mit dem Schmerz und der Trauer. Die Hoffnung auf eigene

Kinder ist inzwischen längst gestorben. Sie hat getan, was sie konnte, als sie Abraham den Ratschlag gab, durch Hagar einen Erben zu bekommen. Für sie selbst wurde das Leben dadurch nicht leichter. Aber ein Tag folgt auf den anderen, und immer noch steht sie jeden Morgen auf und geht mit steifen Beinen, um sich zu waschen und für den neuen Tag anzukleiden. Es muss ja irgendwie weitergehen.

Und da kommt „der unerwartete Besuch" von drei Gestalten, die Abraham sprechen wollen, um ihm die Mitteilung zu machen: Jetzt ist Gottes Zeit gekommen. Sara soll in ihrem Alter einen Sohn bekommen, obwohl sie die Wechseljahre längst hinter sich hat. Gott macht das Unmögliche möglich.

Gleichzeitig reißt Gott den Schmerz wieder auf, mit dem Sara gerade zu leben gelernt hat.

Drei Fremde im Schatten der Terebinthe,
die Schutz vor der Hitze suchten.
Alles war wie immer, aber ich zitterte
wie die Blätter am Baum in der Wärme,
als ich mich über den Teig beugte und ihn schnell formte:
drei Brote für die Männer, eins für Abraham.
Eine Frau muss nichts sehen und wissen,
wenn Besuch kommt, das muss nur der Mann.
Ich war im Zelt. Doch ich sah es kommen
und ahnte die Bedeutungsschwere des Besuches.
Die braune, verwelkte Rose meines Schoßes
glühte in der Asche nach Jahren heimlicher Trauer.

Aus: Maria durch ein Dornwald ging

In dem knisternden Augenblick nach der Mitteilung der Fremden (Engel? Dreieinigkeit?), dass Sara ein Kind bekommen würde, ist ein Lachen aus dem Zelt zu hören. Dort steht Sara und hat zugehört hinter der dünnen Zeltwand, die sie von der Welt der Männer und Entscheidungsträger trennt. Für einen kurzen Augenblick entsteht ein Bruch in der strengen, archaischen Erzählung. Die Reaktion einer Frau wird sichtbar. Und ein erstaunlicher Dialog zwischen den himmlischen Würdeträgern und der sehr irdischen Sara wird Wort für Wort wiedergegeben:

„Du hast gelacht!"

„Das habe ich nicht!"

„Doch, das hast du. Aber das spielt keine Rolle. Es bleibt so, wie wir gesagt haben."

Ich höre auf den Dialog und auf Saras Lachen, und mit einem Mal spüre ich die gesammelte Aggression in diesem Lachen. Sicher ist die Vorstellung komisch, dass zwei alte Menschen plötzlich von Leidenschaft ergriffen werden und im Zelt Liebe machen, nach Jahren der erotischen Dürre. Was für ein Anblick, sei es für Götter oder für Menschen! Aber ich glaube, in Saras Lachen steckt mehr als eine unfreiwillige Heiterkeit. Ich höre Ärger und Anklage gegen Gott: „Jetzt ist es zu spät! Meine Trauer ist endlich in mir eingekapselt. Ich habe gelernt, mit meinem Schmerz zu leben wie eine Amputierte."

Es ist das Lachen einer Gequälten, die glaubt, dass die Hilfe zu spät kommt. So höre ich es. Sie muss einige Zeit gebraucht haben, bis sie sich wirklich über das Kind freute. Vielleicht konnte sie die Freude sogar erst zulassen, als sie dem neugeborenen Kind zum ersten Mal ins Angesicht blickte. Es bekam den Namen Isaak. Das bedeutet „der Lachende", „der, der lächelt". Wie meistens in dieser Art von Erzählungen sind auch hier die Einzelheiten kein Zufall.

Mit Isaak kommt die Freude zurück zu Sara, ein Lachen, das sie langsam lernen musste. Es heißt, das wichtigste in unserem Leben sei, Vertrauen zu haben und sich zu öffnen wie ein Kind. Aber als Erwachsener kann man das Kindsein nur zurückerobern, nachdem man seine Unschuld verloren hat. Sara befindet sich im Schwebezustand zwischen Macht und Ohnmacht und erinnert uns daran, dass die Hilfe (fast) zu spät kommen kann. Was mir das über Gott sagt? Vielleicht, dass er ein großes Risiko eingeht, wenn er unserem Leben eine Wende gibt. Wir schaffen es vielleicht nur mit knapper Not, sie zu akzeptieren.

Unsere Schmerzen starben. Wer hütete ihr Grab?
Wer wusste mehr als wir über all unsere Sehnsucht?
Unsere Trauer blieb stumm. Wer gab die Stimme zurück,
als wäre sie mehr Wert als Gold?
Wir glaubten, es vergessen zu haben. Wer erinnerte sich
an uns?
Wer ging den schweren Weg
zur geschlossenen Tür der Sehnsucht?
Wer hatte die Schlüssel all die Jahre in Verwahrung?
Als wenn immer noch ein gültiges Versprechen übrig war.

Aus: *Maria durch ein Dornwald ging*

Rebekka

Woher bekam sie ihre Stärke?

Sie riefen Rebekka herbei und fragten sie:
„Willst du mit diesem Mann reisen?"
Sie antwortete: „Ja, das will ich."

Genesis / 1. Mose 24,58

Gepäck für die Zukunft: Eine Gebrauchsanweisung

Nimm deine wärmsten Wollsocken.
Wohin du auch gehst,
musst du gehen.

Es kann Wasser sein.
Es können Steine sein.
Es kann ein Ort hoch oben sein,
den du nicht erreichen kannst ohne
Hoffnung, die dir die Socken geben,
Wärme, die dich auf der Erde hält.

Wenigstens ein Paar muss neu sein,
blau wie ein Wunsch,
handgestrickt von deiner Mutter
im Schlaf.

Nimm einen Ledersack,
eine Samttasche und eine alte Blechschachtel –
auf deren Deckel ein Salamander gemalt ist.

Darin bewahre die kleinen Dinge auf,
ohne die du nicht sein kannst. Vielleicht den Schlüssel,
den du aufbewahrt hast, obwohl er nicht
in das Schloss passt, von dem du weißt,
die Fotografie, damit du nicht verrückt wirst,
oder das Knäuel Garn, das dich hinausführt,
obwohl du nicht rückwärts gehen kannst
in dieses Licht.

Lass Platz für Trauer in deiner Tasche,
lass Platz für eine andere Sprache.

Du kannst zugenagelten Türen begegnen.
Oder Fenstern, die nur gemalt sind.
Es kann sein, dass du Schilder siehst,
die dich warnen: Geh hier weg!
Nimm den Traum mit, den du eingesperrt hast,
als du ein Kind warst, den Traum
von offenen Feldern, wo der Wind zu hören ist.

Misstraue niemandem, der dir Wasser
aus einer Quelle gibt, Federn vom Singvogel,
eine Sache, die zweimal ausgebessert wurde.
Reise immer
leichter als dein Herz.

Lorna Crozier

Rebekka ist eine Frau aus Nahors. Sie ist jung und schön.

„Abenteuerlustig", sagt ihr Bruder.

„Eigensinnig!", sagt ihre Mutter.

„Das Mädchen weiß, was sie will", sagt ihr Vater. „Das hat sie von mir!"

Nein, was ihre Familie über sie denkt, steht nicht in der Bibel. Ihren Namen, ihre Stadt, das erfahre ich. Nicht viel mehr. Aber sie ist eine der wenigen Frauen in den biblischen Erzählungen, der wir ein großes Stück ihres Lebensweges folgen können, von ihrer Jugend bis zum Alter. Sie ist eine starke Persönlichkeit, klug und voller Selbstvertrauen. Sie wird niemals als „religiös" oder „fromm" geschildert. Wir hören kein Gebet, kein Loblied von ihren Lippen, keinen Hilferuf, sei es an himmlische oder irdische Mächte. Wenn man nach dem Prototyp eines mündigen Menschen sucht, kann man die Erzählung von Rebekka mit großem Gewinn lesen. Sie ist stark und fähig, und es dauert seine Zeit, bis sie an ihre Grenze kommt.

Am Anfang der Erzählung erfahren wir, dass Rebekka eine entfernte Verwandte von Sara ist. Sara, die mit Abraham aufbrach, um ein anderes Land zu suchen. Seitdem sind viele Jahre vergangen. Sara ist gestorben. Der Sohn Isaak betrauert den Tod seiner starken Mutter. Abraham sendet einen seiner Männer aus, den treuen Diener Elieser, um eine passende Frau für Isaak zu suchen. Der Bursche hängt ja nur noch herum und hat alle Lebenslust verloren.

Als Elieser auf den Weg geschickt wird, ist er wohl kaum sehr begeistert. Er ist alt, und sowohl die Reise als auch der Auftrag sind nicht ohne Risiko. „Wenn ich nun eine geeignete Frau in deiner alten Heimat finde, wie kann ich dann sicher sein, dass sie hierher mitkommt?", fragt er. „Was mache ich, wenn sie Nein sagt?"

Abraham versucht, ihn zu beruhigen. Das wird schon alles gut gehen, sagt er. Und wenn sie absolut nicht will, dann müssen wir das eben akzeptieren. Elieser zieht los, aber er ist alles andere als beruhigt. Die Frau, die zu Isaak passen soll, müsste etwas ganz Besonderes sein. Es lastet ein Schatten auf Isaak. Das hat wohl nicht nur mit der Trauer über Saras Tod zu tun, sondern auch mit dem Augenblick, als sein Vater Abraham auf dem Berg

Moria gebeugt über ihm stand, mit einem Messer in der Hand, nachdem er ihn auf einem Altar aus Opfersteinen festgebunden hatte. Vielleicht müssen wir diese Erzählung aus dem Blickwinkel des Kindes lesen. Bibelexegeten streiten über die Frage, ob Isaak ein kleines Kind oder ein erwachsener Mann war, als Abraham Gottes Befehl hörte: „Opfere deinen Sohn!“ (Das will sagen: Verlasse dich auf mich, auch wenn es absurd erscheint!) Es ist möglich, dass sie nach einer gegenseitigen Abmachung zum Opferplatz hinaufgingen, meint ein Teil der Exegeten. Wie es auch immer war, es war bestimmt nicht leicht. Jahrhundertelang hat man diese Erzählung damit erklärt, dass es sich im tiefsten Grunde um eine Polemik gegen Kinderopfer handelt – Abwehr einer Tradition, die es in den Religionen der benachbarten Völker gab und die der Bibeltext ein für alle Mal beenden will. Auf eine rätselhafte Weise wird auch das Opfer Jesu vorgezeichnet, meinen neutestamentliche Quellenforscher, mit der ganzen Qual des Vaters, seinen Sohn als Sühne für die Sünde der Welt geben zu müssen. Wer den Text aus der Sicht des Erwachsenen psychologisch deuten will, sagt vielleicht, dass wir uns weder an unsere Kinder klammern sollen, so als wären sie unser Eigentum, noch sie für unsere „Projekte“ opfern sollen, seien sie geistlicher oder weltlicher Natur.

All das erscheint jedoch unwichtig, wenn man den Blickwinkel ändert und fragt, was der Vorfall für Isaak bedeutet haben kann. Eine weibliche Frage, wenn man so will. Was hätte Sara geantwortet, wenn Gott befohlen hätte, Isaak zu opfern? Mir wurde diese Frage in einem Interview gestellt, und ich war völlig überrascht. Ohne nachzudenken, antwortete ich spontan: „Ich hätte Nein gesagt. Ich hätte zu Gott gesagt: ‚Die Mutter bin immer noch ich!'"

Als ich mit dem früheren Oberrabbiner von Stockholm, Morton Narrowe, über diesen Text sprach, meinte er: „Ehrlich gesagt, Ylva, die Erzählung vom Opfer Abrahams macht mir Angst. Was geschah danach mit Isaak? Fand er jemals zu sich selbst? Hast du nicht bemerkt, wie still es um Isaak wurde nach dem Vorfall auf dem Berg Moria? Er taucht in der Erzählung erst wieder auf, als Rebekka unterwegs ist. Sie kommt zu ihm mit Trost und Freude nach vielen schweren Jahren, glaube ich."

Auch wenn Isaak über Ländereien und Brunnen verhandelt, wenn er baut und Vieh züchtet, bevor Rebekka kommt, ist die Stille um ihn tatsächlich deutlich. Er wirkt gebrochen. Eine starke und warmherzige Frau scheint er jetzt dringend zu brauchen.

Ich glaube, diesen Hintergrund muss man kennen, um zu verstehen, warum Elieser in seinem Alter auf einem Kamelrücken sitzt und Gebete murmelt, auf dem Weg zurück in die weit entfernte Gegend der Verwandtschaft. Er nimmt sich die Freiheit, von Gott ein Zeichen zu fordern, um die Unsicherheit zu lindern. „Wenn ich eine Frau treffe, die mir und den Kamelen zu trinken gibt, ohne dass ich sie darum bitte, dann lass das ein Zeichen sein, dass ich die Richtige gefunden habe", bittet er ängstlich. Er will sicher sein. Die Frau muss rührig und großzügig sein und soll die Initiative ergreifen. Sie sollte das Bedürfnis eines anderen erkennen können, bevor der selbst etwas davon gesagt hat.

Hier steht nun Rebekka abends am Brunnen. Sie will Wasser holen für ihre Familie und das Vieh. Das ist kein Bilderbuchidyll im warmen Gegenlicht, sondern harte körperliche Arbeit. Wie viel trinkt ein Kamel? Wie viel trinken zehn? Wie viele Eimer müssen mit dem groben Seil hinuntergelassen und wieder emporgezogen werden? Dort trifft sie der alte Mann, den Abraham ausgesandt hat.

Er achtet nicht so sehr darauf, dass sie jung und schön ist. Er sieht auf ihre Arme. „Wenn sie auch meinen Kamelen Wasser geben will, ist sie die Richtige. Die Richtige muss stark sein." Rebekka ist stark. Sie will. Sie gibt dem Fremden Wasser, und ohne dass er sie darum bittet, zieht sie auch Wasser für seine Tiere herauf. Sie tränkt seine Kamele.

Diese Szene wurde schon immer von Künstlern in der ganzen Welt geliebt. Alle haben ihr eigenes Bild gemalt von dem alten Mann, der von der Reise müde ist, und der jungen Schönheit, die ohne zu überlegen sieht, was getan werden muss, und sofort handelt. Der eine oder andere Verfasser hat auch seine Fantasie spielen lassen über das, was an dem Abend passierte. In Schweden kam es wegen eines Epos, das zu Beginn des neunzehnten Jahrhunderts von einem Dichter geschrieben wurde, fast zum Eklat. Er hatte Rebekka, und speziell die Begegnung am Brunnen, in einem komischen und äußerst „volkstümlichen" Licht beschrieben und wurde wegen Lästerung angeklagt. Zum Glück wurde er dann freigesprochen. Die Begegnung zwischen Bibel und Literatur ist nicht immer ohne Risiko.

Das Gespräch am Brunnen schließt damit, dass Elieser

nach Hause zu Rebekkas Familie eingeladen wird. Er hat bereits Zeit gehabt, sich zum Boden zu neigen in Dankbarkeit dafür, dass er die Richtige gefunden hat, und sie hat einen schönen Armring als Geschenk entgegengenommen, aber damit ist die Sache noch nicht klar. Hier läuft alles nach den alten Traditionen ab: Zuerst gibt es ein Abendessen, dann folgen die Hochzeitsverhandlungen.

Elieser ist kein junger Mann, und er braucht genügend Zeit. Umständlich und weitschweifig erzählt er Rebekkas Eltern die ganze Geschichte: von Saras Tod, Isaaks Trauer, Abrahams Auftrag, von seinen eigenen Zweifeln, von dem Gebet um ein deutliches Zeichen, dem Zusammentreffen mit Rebekka am Brunnen und der erstaunlichen Antwort auf seine Gebete. Sicher zog sich das lange hin, bis in die Nacht, und das muss eine harte Prüfung für so eine ungeduldige junge Frau wie Rebekka gewesen sein.

Als Elieser sein Anliegen in ihrem Elternhaus vorgebracht hat, nimmt sie die angebotene Bedenkzeit nicht in Anspruch. Sie antwortet direkt: „Ich reise morgen!"

In Nahors war sie herumgelaufen und hatte mit ihrem Bruder Laban gespielt. Hier ist alles, was ihr vertraut ist. Jetzt soll sie das für immer hinter sich lassen. Aber sie ist keine von der vorsichtigen Sorte. Sie setzt alles auf das Neue, das kommen soll, voller Vertrauen in die eigenen Fähigkeiten, damit fertig zu werden. Einige Diener kommen mit, darunter ihre Amme, die ihr die Brust gab, als sie ein kleines Kind war. Ihre Familie und ihre Heimat wird sie niemals wiedersehen.

Die Erzählung setzt wieder ein mit der ersten Begegnung zwischen Rebekka und Isaak. Sie erblicken einander von weitem. Er ist draußen auf dem Feld „in düsteren Gedanken“, als die Silhouette einer Frau, die auf einem Kamel reitet – kaum sichtbar für das bloße Auge – am Horizont auftaucht. Er sieht sie. Sie sieht ihn. Und als sie näher kommt, verbirgt sie ihr Gesicht hinter einem Schleier. Nicht ein Wort wird darüber verloren, was die zwei bei ihrer ersten Begegnung empfinden, aber man kann deutlich „hören“, wie der Erzähler den Atem anhält.

Es dauert nicht lange, bis Isaak Rebekka in Saras Zelt führt. Sie ist die neue Frau in seinem Leben. Und die Erzählung sagt uns, kurz gefasst und zurückhaltend, dass er sie liebt. Sie tröstet ihn in der Trauer um seine Mutter.

Hier will die Fantasie sich alles noch ein wenig ausmalen, wie in dem Duett zweier Liebenden, wie ich es für das Musical „Rebekka“ geschrieben habe:

ISAAK:
Manchmal bleibe ich stumm und
bin tief berührt, wenn du bei mir bist.
Du siehst auf mein Schweigen.
Die ganze Liebe ist hier.

REBEKKA:
Eine lautlose Flöte bläst
warme Winde über die Haut:
Dein Mund auf meinen Händen
sagt, dass du mich lieb hast.

BEIDE:

Wir kommen aus zwei Welten
und müssen noch viel lernen
über Waffenruhe zwischen Mann
und Frau – über den Frieden.

Doch wenn wir aufstehen und
uns trauen zu hören, dann ist uns,
als würde der Himmel den Atem anhalten
vor Erstaunen über das, was da geschieht

als würde der Himmel den Atem anhalten
vor Erstaunen über das, was da geschieht

Isaak wurde getröstet in der Trauer um seine Mutter, sagt die Erzählung.

Wer tröstete Rebekka? Woher holte sie ihre Stärke?

Ihr Leben wurde alles andere als leicht. Es dauerte wohl nicht lange, bis ihr klar wurde, dass sie all ihre Kräfte benötigt, um damit fertig zu werden. Isaak muss wohl schon ein gebrochener Mann gewesen sein. Er erblindet bereits, bevor die beiden Söhne, Esau und Jakob, richtig erwachsen geworden sind. Und die Zwillingsbrüder geraten ständig aneinander. Rebekka ist stark. Und manchmal benutzt sie ihre Stärke, um einzugreifen und zu kontrollieren, was in der Familie geschieht. Sie stiftet Jakob an, das Recht des Erstgeborenen von dem ein kleines bisschen älteren Esau zu stehlen. Sie bereitet das Drama vor, dass Jakob seinen Vater belügt, als Esau verkleidet, um den Segen zu erlangen, der eigentlich seinem Bruder zusteht.

Das führt zu einer Katastrophe. Esau entdeckt den Betrug, und die Brüder werden zu Todfeinden. Jakob flieht zu seinem Onkel Laban, und Rebekka wird ihn viele Jahre lang nicht sehen. Esau wird bitter. Er heiratet Frauen von einem fremden Volk, Frauen, die Isaak und Rebekka das Leben schwer machen.

Als Jakob schließlich zurückkehrt und die Brüder sich versöhnen, ist Rebekka alt. Sie hat ein langes Leben gelebt. Vermutlich ist sie bereits gestorben, als die Tragödie um ihr Enkelkind Dina geschieht, aber die Sache wirft auch im Rückblick noch einen Schatten auf ihr Leben. Rebekka ist eine Frau, die sich immer wehren konnte, eine Überlebenskünstlerin, praktisch veranlagt und redegewandt. Aber die Enkeltochter Dina wird Opfer einer Vergewaltigung und kann sich nicht wehren. Das Trauma lässt sie verstummen, sie redet nicht mehr. Der Übergriff wird zum Auslöser für ein fürchterliches Massaker an Unschuldigen – und es sind Rebekkas eigene Verwandte, die dafür verantwortlich sind. Wie lange kann man andere schützen, wie lange reicht die eigene Stärke?

Lange habe ich mich gefragt, wie Rebekka dieses Leben ertragen konnte. Bis ich eines Tages eine kurze Notiz las, weiter hinten in der Erzählung, mitten in der Geschichte von Jakob. In einigen wenigen Zeilen erfahren wir, dass „Debora, Rebekkas Amme, starb und unter einer Eiche begraben wurde, die den Namen Träneneiche erhielt."

Ich glaube, dass Rebekka ein großes Vertrauen in ihre eigene Kraft und ihre Möglichkeiten hatte. Sie war wirklich stark, und das wusste sie. Sie nahm das als selbstverständlich hin. Das Problem mit starken und guten Menschen ist, dass sie lange Zeit brauchen, bis sie ihre Grenzen erkennen. Vielleicht fand Rebekka ihre Grenze erst, als sie ziemlich alt war. Und da, so glaube ich, entdeckte sie etwas sehr Wichtiges: Sie hatte das alles nicht allein geschafft. Sie hatte es als gegeben hingenommen, als selbstverständlich – ein Geschenk, das sie Tag für Tag erreicht hatte, aus einer stillen, unterirdischen Quelle. Jemand war ihr ein Leben lang gefolgt, eine Person, die ihre grundlegenden Bedürfnisse erfüllt hatte, lange bevor sie reden oder sich erinnern konnte. Diese Person war Debora. Als die Erzählung von Rebekka beginnt, ist sie eine Frau ohne Namen. Als Rebekka Nahors verlässt, ist nur von „einigen Dienern" die Rede, die mit ihr ziehen, darunter auch die Amme. Das spiegelt, so glaube ich, die Arroganz der unerfahrenen, jungen Frau wider, die noch nicht versteht, welche Bedeutung Debora in ihrem Leben hat und noch haben wird.

Aber die Jahre vergehen. Mit der Zeit löst sich die Amme aus der selbstverständlichen Anonymität. Debora wird sie selbst, eine Person, und sie gibt einem Baum ihren Namen. Als Debora stirbt, hat Rebekka eingesehen, dass sie die heimliche Quelle ist, die ihr Kraft und Gnade spendet, ohne selbst eine große Sache daraus zu machen. Gnade ist kein Blitz vom Himmel, und Gnade ist auch keine Belohnung für gutes Verhalten. Gnade ist Gottes unterirdischer Liebesstrom, der durch unser Leben fließt. Egal, ob wir das merken oder nicht!

Debora wird unter einem Baum begraben. Einer Eiche. Eichen wachsen langsam und bekommen große,

Schatten spendende Kronen. Sie haben tiefe Wurzeln. Sie bekommen ihre Blätter erst spät im Frühjahr. Aber ihr Schatten reicht bis weit in den Herbst. Sie bieten einen Ort, wo wir uns angenommen wissen, einen Ort, wo alles in unserem Leben einen Raum der Ruhe und des Schutzes findet, der Versöhnung und der Reife. Und schließlich auch einen Ort der Dankbarkeit für die namenlose Zärtlichkeit, die mir in den Tagen folgte, als ich stark war.

Ich bin zu Recht stolz auf das Schwere, das ich gemeistert habe. Aber es ist wichtig, nach und nach auch die stille Liebe zu entdecken, die mich getragen hat.

Rebekka fand schließlich ihren Baum. Jede Frau sollte eine eigene Träneneiche haben.

Dina

Kein glückliches Ende

Jakob erfuhr, dass seine Tochter Dina entehrt wurde, aber weil seine Söhne draußen auf dem Feld bei dem Vieh waren, wartete er ab und sagte es ihnen erst, als sie wiederkamen.

Genesis / 1. Mose 34,5

Vergewaltigt, verschwiegen und Ursache für eine schreckliche Blutrache – Dina ist eine junge Frau, deren Zukunft auf einen Schlag vernichtet wird. Vielleicht kam sie die Berge und Hügel zu Hause etwa so herunter wie die junge Frau in dem Gedicht der schwedischen Dichters Erik Axel Karlfeldt über die Jungfrau von Sjugare. „Sie ist ein junges Mädchen aus Dalarna mit einer Haut wie Mandelblüten ..."

Träumend, erwartungsvoll und unerfahren, Sinnbild eines jungen Mädchens, weiß sie noch nicht viel von ihrer Schönheit und Attraktivität und von dem, was ihr an Hingabe möglich ist. Karlfeldt skizziert eine Art Mariengestalt in der romantischen, typisch schwedischen Landschaft. Noch liegt kein Schatten über ihrer hellen Stirn und ihren Locken, aber der Verfasser, mit großer Lebenserfahrung, folgt ihr mit Blicken und will sie warnen, nicht zu weit fortzulaufen in der Dämmerung:

„Du bist klein und zerbrechlich wie ein Zweig der Bruchweide, und im Wald wartet der starke Bär."

Karlfeldt weiß aus eigener Erfahrung, dass männliche Sexualität drohend und gewalttätig sein kann – die Spannung des ganzen Gedichtes rührt aus der Einsicht her, dass dieses Unberührte und Liebliche in dem Mann Träume wecken kann, die alles andere als lieblich und unschuldig sind. Die Unwissenheit der jungen Frau über die Bosheit und Verschlagenheit der Welt enthält in der Schilderung einen deutlich erotischen Unterton, der beim zweiten Hören einen unbehaglichen Klang erzeugt, trotz der schönen Worte und Bilder des Gedichtes.

In der schwedischen Literatur gibt es kein solches Gedicht über Dina. Dabei wäre das gut vorstellbar. Auch

Dina ist unerfahren in einer harten Welt. Sicher werden wir nie erfahren, ob sie schön und „zerbrechlich" war, vielleicht war sie noch keine erwachsene Frau, sondern ein Mädchen zu Beginn der Pubertät, die meistens eine Flunsch zog und Babyspeck hatte. Vielleicht war sie erst zehn oder elf Jahre alt. Aber in ihrer Umwelt wurde man früh verheiratet, oft schon mit zwölf Jahren. Eine Wahl gab es kaum. Die Eltern entschieden über die Heirat.

Die wenigen Male, dass eine Tochter in einer biblischen Erzählung erwähnt wird, geht es meistens um eine bevorstehende Heirat. Eine Tochter hat selten oder nie einen Wert an sich. Sie hat nicht das Recht, eigene Forderungen zu stellen. Aber als die neue Nation geformt wird, direkt nach dem Einzug in Kanaan, geschieht es, dass in den Erzählungen auch Töchter zum Subjekt werden. Einige Male während der chaotischen und „revolutionären" Zeit, als das Volk sich im Lande Kanaan niederlässt – nach dem Aufbruch in Ägypten und der langen Wüstenwanderung – erheben auch Töchter Anspruch auf ein Landgebiet und erhalten es tatsächlich.

Das normale Bild einer Tochter dagegen ist, dass sie verheiratet werden kann, um gute Beziehungen zu Grundbesitzern oder Verwandten herzustellen. Sie kann verschenkt werden an jemanden, der ihren Vater bei Geschäften oder im Krieg unterstützt hat. Achsa ist so eine Tochter. Ihre kurze Geschichte findet sich im ersten Kapitel im Buch der Richter und noch einmal im Buch Josua – als wäre sie so wichtig, dass sie in einer weiteren Version erzählt werden musste: Achsa ist die Tochter von Kalev, dem Mann, der als Späher in das neue, unbekannte Land geschickt wurde, um Mose Bericht zu erstatten, bevor das Volk hineinzog. Damals war Kalev in den Vierzigern. Inzwischen ist er achtundfünfzig. Sein Erbteil ist die wichtige Stadt Hebron, doch er hat ständig Probleme und Auseinandersetzungen mit den Bewohnern der umliegenden Gebiete. Obwohl er immer noch sehr kräftig zu sein scheint, sieht er ein, dass er Hilfe benötigt. Um die besten Männer anzulocken, für seine Sache zu kämpfen, zeigt er Achsa vor: „Wer Kirjat-Sefer angreift und einnimmt, bekommt meine Tochter zur Frau."

Sie muss wohl sehr ansehnlich gewesen sein.

Otniel heißt der Glückliche, der Achsa als „Trophäe" erhält. Sie wirkt sehr kess und tatkräftig. Als erstes redet sie ihrem Mann ein, dass er ein Stück Land von Kalev verlangen soll. Doch damit nicht genug. Sie eilt zu ihrem Papa und „steigt von ihrem Esel", und ihm ist deutlich, dass sie mit ihm über etwas Wichtiges sprechen will. Er versteht den Wink: „Was wünschst du?"

Einer starken und schönen Tochter zu geben, was sie sich wünscht, das ist wohl eine Schwäche, von der nicht einmal die Männer in patriarchalen Kulturen frei sind. Achsa antwortet: „Mach mir ein Geschenk. Du hast mir die Negevwüste gegeben, nun schenk mir Quellen mit Wasser."

Sie verhandelt geschickt und spielt auf die Schuldgefühle ihres Vaters an, der sie gezwungen hatte, sich in der Negevwüste niederzulassen. Und Kalev gibt ihr die Oberen und die Unteren Quellen, ein großartiges Geschenk. Die Quellen von oben und die Quellen von unten, ein schönes Bild von einem reichen und gehaltvollen Leben, in dem nichts fehlt. Himmlisches und irdisches Glück! Ein glückliches Ende – wie in einem Hollywoodfilm – der Erzählung von Achsa!

Die Erzählung von Dina hat kein glückliches Ende.

Sie ist Leas Tochter. Jakob, der durchtriebene, ist ihr Vater. Jakob, der seinen älteren Bruder täuscht – und selbst getäuscht wird (von der älteren Schwester seiner Geliebten) in seiner Hochzeitsnacht. Jakob hat mit List und Lüge, angespornt durch seine starke Mutter Rebekka, den Segen seines Bruders Esau ergaunert und damit zugleich alle Privilegien, die eigentlich Esau als Erstgeborenem zustanden. Die Brüder wurden Todfeinde, und Jakob war gezwungen, zu seinem Onkel Laban zu fliehen. Im Exil wird er erwachsen. Er lernt, hart zu arbeiten und Verantwortung für sein Leben zu übernehmen. Und er verliebt sich bis über beide Ohren in Labans schöne Tochter Rahel.

Es gibt noch eine Tochter in der Familie: Das ist Lea. Sie ist nicht schön. Kein Mann will sie haben. Die Jahre vergehen, aber kein Freier taucht auf. Eine verschmähte Frau wird nicht schöner dadurch, dass sie verschmäht wird. Scham und Bitterkeit hemmen ihre Bewegungen und machen sie plump und verlegen. Der Schmerz muss ihr täglicher Begleiter sein, als sie die heißen Blicke sieht, mit denen Jakob Rahel nachschaut. *Warum sie und nicht ich?*

Einen großen Vorrat an Liebe in sich zu tragen, ohne jede Erwiderung, das ist – trotz aller Filme mit glücklichem Ende – eine Erfahrung, die viele Menschen machen. Sie antworten darauf meistens mit Scham statt mit Wut. Sie geben sich selbst die Schuld. Die anderen, die sie einfach übersehen, müssen wohl recht haben. Sie sind es eben nicht wert, geliebt zu werden. Selma Lagerlöf, die bekannte schwedische Schriftstellerin und Nobelpreisträgerin, hat einige Zeilen über diese Erfahrung in der Erzählung „Eine Herrenhofsage“ geschrieben.

Die junge Ingrid berichtet darin:

„Wer von niemandem geliebt wird, hat kein Recht zu leben. Sie konnte nicht sagen, woher sie es wusste, es war ihr einfach völlig klar. Sie erkannte es daran, dass in dem Augenblick, als sie hörte, dass man sie nicht liebt, eine Eisenhand ihr Herz ergriffen und zusammengedrückt hatte, wie um es zum Stillstehen zu zwingen. Das war schlimmer als ein Todesurteil. Sie wusste genau, wie es war. Es war so, als würde man einen Baum fällen, und zwar nicht auf die normale Art und Weise, bei der man nur den Stamm absägt, sondern so, dass man ihm die Wurzeln abhackt und den Stamm stehen lässt, damit er langsam abstirbt. Da steht der Baum und versteht nicht, warum er keinen Saft und keine Nahrung mehr bekommt. Er kämpft und versucht zu leben, aber die Blätter werden immer kleiner, er treibt keine neuen Schösslinge mehr, die Rinde fällt ab. Und er muss sterben, weil er von der Lebensquelle abgetrennt wurde.“

Papa Laban blickt seiner ältesten Tochter Lea nach. Vielleicht sieht er eine ziemlich hoch gewachsene Frau, die nach und nach immer gebeugter geht, mit hochgezogenen Schultern. Vielleicht fällt ihm auf, dass sie ihr Äußeres immer mehr vernachlässigt – was hat es denn noch für einen Sinn, die Haare zu kämmen und die Sklavinnen kunstvolle Frisuren aufstecken zu lassen, wo sich doch alle von ihr abwenden und zu Rahel blicken, sobald die sich zeigt. Er sieht, wie Jakob strahlt, wenn Rahel den Raum betritt, und wie die beiden jungen Leute versuchen, miteinander Zeit zu verbringen. Und Lea, auch das sieht der Vater, wendet den beiden den Rücken zu und registriert doch jede ihrer Bewegungen und jedes Wort, das sie sich zuflüstern.

Laban muss Jakob seine Tochter Rahel geben, weil der so treu sieben lange Jahre bei ihm gearbeitet hat. Aber Leas Schicksal quält ihn. Und schließlich hat er die Lösung gefunden. In der Hochzeitsnacht schmuggelt er Lea in das Zelt von Jakob! Es ist dunkel, die Lichter und Fackeln reichen nicht dorthin. Die „Braut" wird tief verschleiert zu Jakob geführt, und der ist berauscht von Wein, Erwartung und Aufregung.

Die ironische Symmetrie in dieser „Dokuseifenoper" der Bücher Mose ist deutlich: Jakob, der Betrüger, wird in einem entscheidenden Augenblick seines Lebens selbst betrogen – wie man sät, so erntet man. Und so geschieht die göttliche Gerechtigkeit – auch die Verschmähte bekommt einen Mann.

Außerdem zeigt sich, dass Lea fruchtbar ist. Sie bekommt viele Kinder, die Haus und Zelt mit Lachen, Reden und Leben füllen. Sechs Söhne, nun wird sie doch nicht von Jakob vergessen! Das siebte Kind wird eine Tochter. Dina betritt die Bühne. Von ihr wird nichts erwartet. Der Grund, dass sie überhaupt erwähnt wird, ist der Konflikt, für den sie später die Ursache wird.

Jakob muss auf Rahel noch ein paar weitere Jahre warten. Die Zeit und die Umwelt lassen es zu, dass ein Mann mehrere Frauen hat. Er zieht Rahel vor, und als sie schließlich einen Sohn bekommt, Josef, wird er Jakobs Lieblingskind.

Jakobs Lebensreise wendet sich wieder dem Vergangenen zu und der Versöhnung mit Esau. Er macht sich auf den Weg in die Heimat mit seinen Frauen, Kindern, Dienern, mit seinem Vieh und allem, was ihm gehört. Vor den Toren der Stadt Sichem kauft er ein Stück Land und schlägt sein Lager auf. Das Geschäft hat er mit den Söhnen Hamors abgeschlossen. Hamor ist ein mächtiger Mann. Ihm gehört die Stadt, und er herrscht über die ganze Gegend. Einer seiner Söhne heißt Sichem, so wie die Stadt.

Und hier taucht jetzt Dina auf, die über die Hügel zur Stadt spaziert. Ich sehe sie genau vor meinem inneren Auge. Es ist vielleicht Sommer oder Frühsommer, leuchtender Ginster am Rand des Weges, frisch geschorene Schafe, die sich deutlich gegen das Grün abzeichnen, liebliche Mimosen und der Duft von Orangenblüten in der Luft. Der Gesang der Vögel hat sie schon früh geweckt. Jetzt ist sie unterwegs, um die „Töchter des Landes" zu grüßen – um die jungen Mädchen dort kennenzulernen. Sie ist die Tochter von Lea, der Verschmähten. Die Mutter will lieber Söhne haben, das weiß sie. Ihr Vater Jakob sieht sie aufwachsen, aber seine Blicke hängen an dem kleinen Josef. Vielleicht hat sie sich schon überlegt, sich mehr um ihren kleinen Bruder zu kümmern, um so auch ein wenig von der Aufmerksamkeit des Vaters abzubekommen.

Sie geht und blickt sich um in einem unglücksschwangeren Idyll, und sie ist noch viel zu jung, um keine Hoffnung mehr zu haben. Die Hoffnung, dass jemand sie beachtet. Mädchen ihres Alters, mit denen sie Zeit verbringen kann. Oder am liebsten ein junger Mann. Dessen Augen sich vor Interesse verdunkeln, wenn er sich ihr nähert. Ihre neuen Kleider und der Schmuck, den sie von Tante Rahel erhalten hat – „ich habe so viel, nimm, was du willst, du wirst jetzt ja langsam groß ..."

Und genau das passiert an diesem Tag. Zwischen den Jugendlichen, die in der Stadt herumhängen, befindet sich auch Sichem. Er ist nicht irgendwer. Er ist der Sohn von Hamor, dem „Häuptling". Er reitet auf einem schnellen und teuren Pferd und kümmert sich nicht darum, dass seine Jacke herunterrutscht und auf den Boden fällt, als er fast auf der Stelle wendet, um Dina besser sehen zu können. Er macht einen weltgewandten Eindruck, dabei ist er bestimmt noch ziemlich jung, bereit für jeden Streich und neugierig auf das Leben. Als Dina mit einigen neu gewonnenen Freundinnen heranspaziert, erkennt er sofort, dass sie neu ist. Anders. Vielleicht umweht sie eine Ernsthaftigkeit, die ihn beunruhigt und die ihm zugleich gefällt.

Sie kann es kaum glauben, als er anhält und sich niederbeugt, um die Jacke aufzuheben und mit ihr zu reden. Die anderen ziehen sich kichernd zurück, als er sie fragt, ob sie mit ihm eine Runde reiten will. Er scheint aufrichtig an ihr interessiert zu sein. „Aber er fasste Zuneigung zu Dina, der Tochter Jakobs, er verliebte sich in das Mädchen und versuchte, ihr Herz zu gewinnen."

Wie kann man dem widerstehen, wenn man sein Leben lang darauf gewartet hat, die Einzige zu werden, die Auserwählte, die Begehrenswerte? Er nimmt sie mit sich bis weit außerhalb der Stadt, wo das Gras kräftig und hoch gewachsen ist. Gemeinsam steigen sie vom Pferd. Er hält sie und lehnt sie an einen Baum.

Seine Küsse schmecken nach Nüssen und Honig. Seine Hände wärmen ihre kleinen Brüste, die im Wind frieren. Er legt sie vorsichtig nieder auf seine Jacke, die staubig geworden und voller Pollen von Blumen und Gräsern ist. Sie niest und er lacht. Alles ist wunderbar, bis er still wird und zielstrebig, eine Hand auf ihren Mund legt und sich nicht darum kümmert, dass sie weint und Angst hat. Danach ist er ganz besonders einfühlsam. Er flüstert, dass er sie liebt und mit seinem Vater sprechen wird. „Ich will dich als Frau haben. Hamor wird auf mich hören. Du und ich – wir werden zusammen ein neues Volk werden!"

Sichem und Dina werden Romeo und Julia, werden Maria und Tony, viele Jahrhunderte, bevor das Shakespeare-Drama und das Musical West Side Story geschrieben werden. Sie verstehen nicht, dass sie auf vermintem Boden lieben, wo zwei Volksstämme um Lebensraum konkurrieren. Versteht Dina, dass sie vergewaltigt wurde? War sie Sichem freiwillig gefolgt? Die Väter Jakob und Hamor erfahren von der Sache und gehen los, um miteinander zu sprechen. Das, was passiert ist, ist ein ernsthafter Verstoß gegen beider Rechtsgrundsätze. Rache hat hier Tradition und wäre nur gerecht.

Aber sowohl Jakob als auch Hamor haben schon eine Menge Lebenserfahrung gesammelt. Es müsste doch trotz allem eine Einigung möglich sein! Der Junge hat vorschnell gehandelt, aber er ist doch so verliebt. Jakob weiß, wie das ist ... Hamor ist bereit, das Land für Jakob und seine Söhne zu öffnen, wenn sie einverstanden sind, dass Dina in Hamors Familie einheiratet.

Ein „gutes" Ende wäre möglich gewesen, wenn nicht Dinas Brüder auf der Bildfläche erschienen wären. Eine jüngere Generation mit wenig Erfahrung und unerhört viel Aggressivität. Keine Schattierungen dürfen ihr Schwarzweiß-Bild trüben! Als Sichem anbietet, als Brautgabe „alles, was du willst" zu geben, wenn er nur Dina heiraten darf, stellen sie eine Bedingung, bei der sie möglicherweise kaum mit dem Einverständnis von Hamor und Sichem rechnen: Wenn alle Männer von euch sich beschneiden lassen, können die jungen Leute heiraten, und die beiden Völker können vereinigt werden.

Hamor spricht mit seinen Leuten, und die sind einverstanden. Alle, die in der Stadt wohnen, stellen sich auf. So schnell wie möglich wird die Prozedur vollzogen. Und so fließt eine Menge friedliches Blut in Sichem. Das ist nicht schmerzfrei, aber ein angemessener Preis, ist die Meinung der Bürger. Auch Eigennutz spricht dafür: Jakob und sein Clan besitzen ein großes Vermögen, und irgendwann wird es ihr gemeinsamer Besitz sein. Aber vor allem sieht es so aus, als wollte die Erzählung betonen, dass Hamor ein großzügiger und rechtschaffener Mann ist. Das glückliche Ende ist nahe. Wegen Dina sind alle Männer in Sichem beschnitten worden.

Am dritten Tag, als die Männer am Wundfieber litten, nahmen zwei von Jakobs Söhnen, Simeon und Levi, die Brüder von Dina, ihre Schwerter und überfielen die Stadt, wo sie ohne Widerstand alle männlichen Bewohner töteten. Sie töteten auch Hamor und seinen Sohn Sichem mit dem Schwert, holten Dina aus Sichems Haus und gingen mit ihr davon. Dann machten sich Jakobs Söhne über die Erschlagenen her und plünderten die Stadt, weil ihre Schwester geschändet worden war. Sie nahmen alle Schafe und Rinder und Esel und alles, was sie innerhalb und außerhalb der Stadt fanden. All ihre Habe, ihre Kinder und Frauen und alles, was sie in den Häusern fanden, nahmen sie mit.

Genesis / 1. Mose 34,25–29

Das Ganze war von Anfang an geplant. Jakob ist entsetzt über das Massaker, das die Söhne angerichtet haben, aber was kann er jetzt noch machen? „Ihr habt Unglück über mich gebracht und mich verhasst gemacht bei denen, die in diesem Land wohnen ..." Die Antwort der Söhne hört sich ähnlich an wie bei so vielen Ehrenmorddramen: „Wir können doch wohl nicht zulassen, dass unsere Schwester wie eine Hure behandelt wird?"

Jakob wendet sich in seiner Verzweiflung an „den Gott, der mein Gebet hörte, als ich in Not war, und der bei mir war auf meiner Reise." Früher hatte er betrogen und gelogen, aber Gott verließ ihn nicht. Dieses Mal haben seine Söhne die ganze Familie in eine hemmungslose Gewaltspirale hineingezogen. Er zieht nach Bet-El, um „sich zu reinigen", um die

Lebensquelle wieder zu finden, seine tiefste Identität, und dann vielleicht weiterzumachen. Sicher ist er nicht. Debora, Rebekkas Amme, stirbt dort. Nach der Erzählung wird sie in Bet-El begraben, unter dem Baum, der den Namen Träneneiche erhält. Jakob kann zwar der Rache entkommen, aber es ist kein glückliches Ende der Geschichte von Dina.

Und Dina?

Kein Wort von ihr ist überliefert. Kein einziges Wort. Viel zu viele Hände wurden ihr auf den Mund gelegt.

Die Erzählung legt eine schwere Verantwortung auf uns Leser.

Hanna

Schweigen und schneidern

Aber Hanna antwortete:
„Nein, Herr, ich bin eine ordentliche Frau.
Wein oder Bier habe ich nicht getrunken,
aber ich habe dem Herrn mein Leid geklagt.
Glaub nicht, dass ich ein schlechter Mensch bin.
Aus lauter Kummer und Verzweiflung
habe ich die ganze Zeit geredet.“

1. Samuel 1,15–16

Hanna im Buch Samuel, das ist die Erzählung von einer „unbedeutenden“ Frau. Sie ist keine Heldin, so wie Ester. Wir hören nichts über ihre Schönheit, ihre Bildung oder ihren Mut. Sie ist keine dieser Frauen, die die Welt auf den Kopf stellen. Ihr ganzes Leben spielt sich bei ihr zu Hause ab. Keine Abenteuer irgendwo. Keine langen Reise hinaus in die weite Welt. Sie bricht keine Regeln, tut nichts Unerwartetes – wie zum Beispiel die berühmten Frauen, die Matthäus als weibliche Vorfahren Jesu aufzählt: Rahab, Tamar, Batseba und Rut. Frauen werden übrigens selten in den biblischen Stammbäumen erwähnt. Wenn man die traditionellen (und langatmigen, wie einige finden) Ahnentafeln in der Bibel durchliest, findet man dort äußerst selten Töchter verzeichnet. Frauen tauchen manchmal in den biblischen Erzählungen auf, aus dem Nichts, wenn sie schon erwachsen sind und alt genug zu gebären – wen? Ja, genau, einen bedeutenden Sohn. Dann verschwinden sie schnell wieder. Und wie die Autorin Anita Goldmann gezeigt hat, sind es gar nicht die Frauen, die die Kinder in den biblischen Ahnentafeln gebären. Auf irgendeine wunderbare Weise sind es die Männer, die die Söhne „gebären“!

Darum ist es so wichtig aufzumerken, wenn Rahab, Tamar, Batseba und Rut ausdrücklich als weibliche Vorfahren von Maria erwähnt werden in dem langen Familienregister, das auf Jesus hinweist. Diese Frauen sind weder religiös noch politisch korrekt. Rahab ist eine Prostituierte. Tamar kommt aus einem fremden Volk. Batseba ist eine Ehebrecherin. Und Rut kommt aus einem anderen Land mit einer anderen Religion. Das ist die besondere Art und Weise von Matthäus, den Lesern einen kurzen Blick durch die Jahrhunderte zu ermöglichen: Schaut auf diese Maria – eine Jungfrau, die den Messias gebärt, den Sohn Gottes! Sie ist sozusagen ein Glied in der sonderbaren „Tradition", dass Gott manchmal Regeln bricht und in der Menschheitsgeschichte durch unerwartete Ereignisse handelt. Und interessant ist gerade, dass diese unerwarteten Ereignisse oft von Frauen inszeniert werden.

Aber Hanna ist keiner dieser Frauen ähnlich. Sie ist ein ganz gewöhnlicher Mensch. Kein Mann beachtet sie. Und sie inszeniert gar nichts. Sie hat keinerlei besondere Talente. Welchen Sinn hat ihr Leben?

Alles, was sie sich wünscht, ist ein normales Leben als Frau: für ihr Heim zu sorgen und Kinder zu bekommen. Aber sie ist kinderlos. Die Jahre vergehen und immer noch keine Kinder! Ihre Freude, ihre Kreativität beginnen zu verwelken, wie die Gewürzpflanzen in ihrem Garten. Sie verliert die Lust, Essen zu machen und überhaupt etwas zu sich zu nehmen. Sie isoliert sich von der Umwelt. Langsam zieht sie sich ins Schweigen zurück. Sie geht den Weg der Scham.

Frauen, die langsam verstummen, haben oft schmerzhafte Verluste erlitten. Der erste Verlust in Hannas Leben: Sie erhält keine Unterstützung von den Frauen in ihrer direkten Umgebung. Sie ist eine von zwei Frauen, die mit Elkana verheiratet sind. Und Peninna, die andere Frau, hat kein Mitgefühl mit Hanna. Sie gewährt ihr keine Solidarität unter Frauen. Peninna hat schon mehrere Kinder. Und in einer jüdischen Überlieferung heißt es, dass Peninna Hanna regelmäßig am Frühstückstisch ärgert: „Na, wann nähst du deine Babykleidung? Sag bloß, du hast noch gar nicht damit angefangen!"

Der zweite Verlust: Hannas Mann respektiert ihre Gefühle nicht. Er liebt sie wirklich und will sie trösten, aber er hört ihr nicht einmal zu. Er will sie aufmuntern, bevor er ihr das Recht zugesteht zu trauern. Er will nur Stille und seine Ruhe und dass wieder alles so ist wie immer. Die Zeit, einen großen Schmerz erst einmal zuzulassen, kann er ihr nicht zubilligen. Er ist voller Wohlwollen, wenn er mit dem besten Stück Fleisch, das er auftreiben konnte, nach Hause kommt, um sie wieder zum Essen zu bewegen. Und er sagt genau die Worte, die viele Männer für die Lösung aller Probleme ihrer Frauen halten: „Hanna, schau – du hast doch mich! Bin ich nicht mehr für dich als zehn Söhne?"

Der dritte Verlust: Hanna verliert die Achtung der Gesellschaft. Eine Frau ohne Kinder hat keinen eigenen Wert. Wenn sie außerdem auf eigene Faust hinausgeht auf öffentliche Plätze, begegnet ihr Misstrauen. Als Hanna sich auf den Weg zum Heiligtum in Schilo macht, um sich auszuweinen und zum Herrn zu beten, zeigt ihr der Priester Verachtung und verdächtigt sie, sie sei betrunken. Als wäre die Kinderlosigkeit noch nicht genug, ist sie gezwungen, sich zu rechtfertigen, von ihrer Scham zu erzählen und ihm ihre Situation zu erklären.

Scham kann eine starke Unterströmung in unserem Leben sein. Sie rührt her von unausgesprochenen Verlusten, die wir in uns tragen. Oft ist Scham ein vages Gefühl, das schwer zu erkennen ist. Scham handelt nicht von dem, was wir falsch gemacht haben. Sie handelt davon, falsch zu *sein*. Etwas ist falsch mit mir, mit meiner bloßen Existenz. Ich bin hässlich, wertlos, ich passe nicht hierher. Ich verdiene es nicht zu leben. In dieser Situation befindet sich Hanna. Sie ist eine Frau, die vom völligen Schweigen bedroht ist. Aber schließlich bringt sie ihren ganzen Schmerz vor Gott. Sie verspricht Gott – in einer Art Verhandlung, die aus ihrem Innersten kommt –, dass sie sich niemals an das Kind klammern wird, um das sie bittet, und dass sie es niemals als ihr Eigentum betrachten wird. Sie versteht, dass ein Kind eine Gabe ist, eine Leihgabe. Und schließlich, so wird erzählt, bekommt sie ein Kind, Samuel.

Als Samuel alt genug ist, um seine Mutter zu verlassen, gibt sie ihn nicht zum Heiligtum fort, sondern „leiht" ihn aus, damit er dort aufwachsen kann. Gott leiht ihr ein Kind, und sie leiht es Gott zurück: Das ist eine Sache auf Gegenseitigkeit. Sie gibt Samuel nicht auf. Er wächst heran und wird ein Prophet werden, der den ersten König der Nation, Saul, salben wird. Hanna bekommt nach Samuel noch mehr Kinder, aber sie vergisst ihn nicht. Sie besucht ihn regelmäßig. Und jedes Mal bringt sie ihm einen Mantel mit, den sie selbst geschneidert hat. Der soll ihn warm halten. Aber ich wette, dass er außerdem gut aussieht. Ihre Kreativität hat ein Ventil gefunden, ohne große Worte und Gebärden. Und der Knabe wächst. Er muss mindestens einmal im Jahr einen neuen Mantel bekommen.

Hier will ich eine Pause zum Nachdenken einlegen. Die Erwähnung des Mantels kann leicht übersehen werden. Dennoch glaube ich, dass sie zum Wichtigsten in der

Erzählung von Hanna gehört. Das ist keine belanglose Arbeit, mit der sie hier beschäftigt ist, wenn sie Mäntel für Samuel näht. In diesem Werk erfüllt sie die Arbeit des Schöpfers. Als Adam und Eva aus dem wunderbaren Garten vertrieben wurden, brauchten sie zum ersten Mal Kleider, erzählt die Bibel. Um sie zu schützen, um sie warm zu halten und um ihre Scham zu verbergen, die Scham, dass sie sich jetzt ihrer Verletzlichkeit und Sexualität bewusst waren. Und die Erzählung sagt uns, dass es Gott war, der ihre Kleider schneidert. Er setzt sich auf den Boden, nimmt Tierhäute und näht zum ersten Mal Kleider für die Menschen, die er liebt. Als Zeichen für seine ununterbrochene Fürsorge und seinen Schutz.

Genau das tut Hanna. Ihre Hände ergreifen den Liebesfaden, der sich durch die kalte Welt zieht. Mäntel sind übrigens wichtige Kleidungsstücke in der Bibel. Josef bekam einen schönen Mantel, der zeigte, wie sehr ihn sein Vater liebte. Der Verlorene Sohn bekommt einen neuen Mantel, als er zu seinem Vater zurückkehrt. Wer die Bibel liest, kann diesem Faden noch bis an den Schluss der Offenbarung folgen, wo Jesus hervortritt in einem lichtumstrahlten Mantel als Befreier des Weltalls – und er gibt seinem Volk, das durch die große Trübsal gewandert ist, neue weiße Kleider, um ihre Wunden und ihre Erniedrigung zu bedecken.

Das führt zu einer neuen Sichtweise darauf, wie die Bibel aufgebaut ist. Als Gott die Welt erschafft, so heißt es auf den ersten Seiten der Bibel, tut er das durch sein lebendiges Wort. Das Thema kehrt später wieder, und zwar in der Einleitung des Johannesevangeliums: „Im

Anfang war das Wort, und das Wort war bei Gott, und Gott war das Wort." Johannes spricht von der Welt wie von einem Gewebe aus Einheit und Dialog. Er präsentiert eine erstaunlich hoch entwickelte Theorie von Sprache und Wirklichkeit. Und in gewisser Weise ist das auch eine Beschreibung der Bibel. Sicher kann man die Bibel als eine zufällig zusammengesetzte Sammlung alter Geschichten betrachten, niedergeschrieben in unterschiedlichen Zeitepochen und unter verschiedenen historischen Umständen – Bücher, die sich so sehr voneinander unterscheiden, ein fragmentarisches Flickwerk, das zu behaupten versucht, es gäbe eine Einheit, ein gemeinsames Muster.

Aber wenn man die Bibel näher erforscht, entdeckt man ein verwickeltes System von Querverweisen, Fragen und Antworten, Wiederholungen, Andeutungen, Verbindungen und direkten Zitaten. Das ist, als wären die Worte der Bibel Teile eines großen Ökosystems, wo jeder Abschnitt in direktem Zusammenhang mit dem Rest steht, vibrierend wie die Dynamik in einem alten Wald, oder reich an Bildern wie ein niederländischer Gobelin aus dem 16. Jahrhundert. Die Heilige Birgitta von Schweden beschreibt im 14. Jahrhundert die Bibel als einen „Wald", in dem jeder Holz holt für sein eigenes Deutungsgebäude. „Text" bedeutet „Gewebe" (Textilien), und so wurde er in den antiken Kulturen gesehen: als ein gewebter Stoff, der sowohl aus dem Geschriebenen in einem Buch bestand als auch aus dem ausgesprochenen Wort (damals lasen alle laut, auch wenn niemand in der Nähe war) – Buchstaben und menschliche Stimme, Verfasser, Schreiber, Sprecher,

Leser und Zuhörer „erzeugten“ den Sinn, das Muster des Stoffes, die gemeinsame Deutung.

Wenn es all diese Verbindungen zwischen den Texten der Bibel gibt, können wir das Weberschiffchen in dem Gewebe verfolgen, als Hanna ein Freudenlied hinaussingt, das in ihr selbst entsteht. Sie singt es, als ihr deutlich wird, dass sie ein Kind bekommt. Wenn man es hört, fällt die Ähnlichkeit zu dem Lied auf, das Maria singt, nachdem der Engel erschienen war und ihr berichtete, dass sie den Messias gebären würde. Hannas Lied ist das Vorbild, das ist eine unverkennbare Tatsache. Wäre Hanna nicht schließlich dem Schweigen entkommen und hätte sie nicht ihre Dankbarkeit hinausgesungen – das Lied von Maria hätte wohl eine andere Form erhalten. Die Lobgesänge der beiden Frauen sind Teile eines Gewebes, das einmal geschaffen und über Jahrhunderte weiter gewebt worden ist.

Und worüber singt Hanna?

Sie singt von einem Gott, der alle Konventionen auf den Kopf stellt. Gott, der Unerwartete. Gott, der die Unbedeutenden emporhebt, die Machtlosen und Bedürftigen, und der die Reichen und Mächtigen von ihren Sockeln stürzt. Revolution. Politik. Geschichte. Es geht hier in keiner Weise um gemütliche Innenansichten eines glücklichen Hausfrauendaseins. Es geht um die Erlösung vom Schweigen.

Mein Herz jubelt über den Herrn,
ich kann mein Haupt erheben.
Ich kann über meine Feinde lachen,
voller Freude, dass du mich gerettet hast.
Niemand ist heilig, nur der Herr,
es gibt niemanden außer dich,
kein Fels steht fest wie unser Gott.
Hört auf mit eurer Prahlerei,
spart euch die frechen Worte,
denn der Herr ist ein Gott, der alles weiß,
und er prüft jede Tat.
Der Bogen der Helden wird zerbrochen,
aber die Schwachen erhalten neue Kraft.
Die Satten müssen schuften für Brot,
die Hungrigen ruhen sich aus von der Mühe.
Die Unfruchtbare bekommt sieben Söhne,
während die Kinderreiche verwelkt.
Der Herr macht tot und lebendig,
er führt hinab ins Totenreich und wieder hinauf.
Der Herr macht arm und er macht reich,
er erniedrigt und er erhöht.
Den Hilflosen hebt er empor aus dem Schutt
und den Armen aus dem Sand.
Er gibt ihnen einen Platz bei den Fürsten
und lässt sie sitzen auf einem Ehrenplatz.
Die Pfeiler der Erde gehören dem Herrn,
und darauf hat er den Erdkreis gegründet.
Der Herr schützt die Schritte seiner Getreuen,
doch die Bösen gehen unter in der Dunkelheit,
aus eigener Kraft gelingt nichts ...

1. Samuel 2,1–9

Wenn die Bibel wirklich ein textvernetztes Buch ist, dann bekommt Hannas „Schneiderwerkstatt“ eine tiefere Bedeutung. Sie webt die Fäden der Geschichte in einem Leben zusammen, das zunächst nicht sehr bedeutend erscheint. Sie setzt das Werk des Schöpfers fort, wenn sie Kleidung für ihr Kind näht. Alle Frauen, die eine ähnliche Arbeit mit ihren Händen getan haben, haben die Arbeit des Schöpfers übernommen. Sie müssen nicht redegewandt oder prominent sein. Es gibt so viele Möglichkeiten, kreativ zu sein – so vielfältige Ausdrucksformen von Liebe.

Als ich schon dachte, alles über Hanna gesagt zu haben, was zu sagen ist, geriet ich ein paar Seiten weiter in die Erzählung von Samuel. Und plötzlich fielen meine Augen auf etwas, was ich vorher noch nie bemerkt hatte. Es ist inzwischen viel Zeit vergangen. Hanna ist gestorben. Samuel ist ein alter Mann geworden. Schließlich starb auch er. Auch König Saul ist alt geworden. Ein neuer Kandidat auf die Königswürde ist aufgetaucht, der junge David. Saul befürchtet seinen eigenen Sturz und sucht verzweifelt inneren Frieden. In seiner Not sucht er eine Wahrsagerin auf, ein Medium, um Samuel von den Toten hervorzurufen und seinen Rat einzuholen – obwohl er weiß, dass Spiritismus verboten ist. Damals stellte man sich das Totenreich als einen dunklen, kalten und öden Ort vor, wo die Toten in der Finsternis umherirrten. Die Wahrsagerin kommt. Sie schließt die Augen und versetzt sich in Trance, um eine Vision des toten Samuel heraufzubeschwören. Saul steht neben ihr und fragt unruhig:

„Siehst du etwas?“

„Ja“, antwortet die Frau. „Ich sehe einen Mann ...
... *und er trägt einen Mantel.*“

Für mich wurde dies das letzte Zeichen in der Erzählung von Hanna. Das Zeichen einer Liebe, die Kleider näht für ein geliebtes Kind bis hinein in das Unmögliche – eine Fürsorge, die sich nicht einmal von der Grenze des Todes aufhalten lässt. So wie Hanna näht, so liebt Gott.

Die Frau im Hohelied

Die Frau, die liebt

Sie: Erwache, Nordwind! Südwind, komm!
Lass es wehen durch meinen Garten,
dass er von seinen Wohlgerüchen durchströmt wird!
Möge mein Geliebter in seinen Garten kommen
und seine herrlichen Früchte genießen!

Hohelied 4,16

Sie sind so jung! Die zwei, die übereinander im Hohelied singen. Genauso jung wie die Liebe. Genauso erstaunt: Niemand auf der Erde hat die Liebe so gefühlt wie wir. Es begann mit einem Mund: Küss mich noch einmal! Sprache und Berührung zwischen ihren Lippen. Es ist eine Liebe ohne Vorbehalt, die verschwenderisch mit ihrem Vertrauen umgeht. Eine Liebe, die noch nicht durch Enttäuschung verletzt wurde.

Aber da ist die Unsicherheit: Bin ich gut genug? Ihre Unsicherheit: Sieh mich nicht so genau an. Dunkelheit und Schmerz steigen auf mitten in aller Euphorie: Ich bin so schwarz, von der Sonne verbrannt. Das Leben hat mir zugesetzt. Ich bin nicht die, die ich für dich sein möchte, Geliebter. Das Pendel schwingt hin und her: Einmal vergisst sie sich selbst bei einem Kuss, ein anderes Mal stellt sie sich die Frage: Kann ich wirklich geliebt werden?

Er küsst sie wieder, und das Pendel schwingt zurück, aus Missmut wird Jubel, genau wie bei Maria in der West Side Story: „I feel pretty ...“ „Ja, ich bin vielleicht sonnengegerbt, aber schön bin ich auf alle Fälle!“

Das Hohelied – was kann man tun als gebannt zu schweigen? Oder in lauten Gesang ausbrechen – es wird ja auch „Salomos Lied“ oder „Lied der Lieder“ genannt. Es ist merkwürdig gut platziert in der Bibel, ein Nabelschmuck zwischen dem schmerzhaften Text der Genesis – „mit Schmerzen sollst du deine Kinder gebären ... nach deinem Mann sollst du Verlangen haben ... er soll über dich herrschen ...“ – und den steilen Bildern der Apokalypse von einer verlorenen Welt, in der die Liebe erkaltet, die Gesetzlosigkeit zunimmt und das Untier gemeinsam mit der großen Hure triumphiert.

Hier tritt eine Frau hervor, die für einen Augenblick völlig unkompliziert und ganz sie selbst ist. Sie nutzt niemanden aus, und sie wird nicht ausgenutzt. Sie ist Subjekt, sie spricht zu einem Mann, der auch Subjekt ist. Im Hohelied sind die Stimmen von ihnen beiden zu hören. Kaum ein Text der Bibel lebt so sehr vom Dialog wie dieser. Die Frau im Hohelied hat keinen Namen. Sie ist einfach „die Frau, die liebt". Jeder kann einstimmen, sie leiht dem Leser ihr „Ich".

Sie sind jung, die beiden, die zu uns rufen in dem merkwürdigsten Liebesgespräch der Bibel. Das ist so lange her. Aber ihre Körper sind über die Zeiten hinweg mit uns verbunden, und so sind wir Zeitgenossen. Die Erinnerung des Körpers schenkt uns eine Zusammengehörigkeit, die ideologische, religiöse, politische und kulturelle Grenzen überschreitet. Es sind niemals Ideologien, die im Krieg brennen, und niemals Ansichten, die sterben. Es sind Körper. Die Körper machen uns nicht nur zu Zeitgenossen, sie sind auch Grund für unser Gewissen – denn wir wissen es gemeinsam. So kann Paulus die Gläubigen auffordern, an die Mitchristen zu denken, die im Gefängnis sitzen: „Ihr habt doch auch einen Körper." Also wisst ihr Bescheid!

Für die junge Frau bedeutet die Liebe Veränderung und plötzlichen Aufbruch. Von einer Abhängigkeit in eine andere. Zuerst: Meine Brüder ließen mich den Weinberg hüten, meinen eigenen Garten konnte ich nicht bewachen. Er ist zugeschlossen. Aber jetzt: Erzähle mir von meinem Geliebten, wo er jetzt ist, wohin ihn sein Weg führt und woran er arbeitet, denn ich habe Sehnsucht nach ihm! Ich will dort sein, wo er ist!

Die erste Liebe ist heimatlos. Sie will am liebsten draußen in der Natur hausen. Sie kommt zu Besuch, klopft ans Fenster und lockt heraus. Was er will? „Lass mich dein Angesicht sehen!“

Wäre das Hohelied in unseren Breitengraden gesungen worden, dann würde es vielleicht so lauten: „Mein Geliebter ist für mich ein Thymianzweig, den ich an meiner Brust trage. Er duftet wie die Sommerwiesen bei uns zu Hause nach Kamille und Minze.“ – „Komm, wir legen uns ins Gras und stellen uns vor, das sei unser Haus. Fichte und Birke tragen das Himmelsdach über uns!“

Liebende haben ihre eigene Sprache. Sie rufen einander bei Namen, die am besten niemand anders hören sollte: mein Schnuffelzahn, mein Mausebär, mein Schatz, mein kleines Eichhörnchen. Auch die beiden im Hohelied spielen auf ihre Weise mit der Sprache.

„Ich bin eine einfache Blume von den Hängen des Scharon (vielleicht eine der roten Anemonen?)“, sagt sie, aber er protestiert im selben Augenblick: „Nein, ganz besonders bist du, eine Orchidee in einem Dornengestrüpp.“

„Du bist ein Apfelbaum, der mitten in der Wildnis blüht“, sagt sie, „und ich muss sofort einen Apfel haben, weil ich krank bin vor Sehnsucht nach dir!“

Er ist eine Gazelle, die über die Berge springt, sie ist eine Wildtaube, die sich für ihn versteckt – und aufgepasst, jetzt kommen Füchse, die wir fangen müssen!

Ist das ein Kinderreim oder ein Reigen, der sich durch die Liebe verwandelt in eine aufregende Jagd?

Liebende sind erstaunlich erfinderisch.

Doch der Ernst kehrt zurück. Ein Schatten von Fremdheit. Die verklärten Blicke beginnen, vor der Wirklichkeit zu zweifeln. Wer ist das eigentlich, von dem ich noch eben so entzückt gewesen bin?

„In der Nacht lag ich wach und dachte an ihn", sagt die Frau. Sie träumt im Halbschlaf von einer neuen Suche. Gerade wenn man glaubt, den Weg zu kennen, beginnt eine neue Reise. Ist sie bereit, sich durch die Liebe verändern zu lassen? Er sucht sie auf in der Nacht, aber sie zögert. Kann er sie herauslocken, so verschlossen, wie sie jetzt ist? Er hat sie schon einmal wie einen verschlossenen Garten erlebt. Aber sie selbst hat die Winde gebeten: „Lasst es wehen durch meinen Garten, so dass der Duft hinausströmt und den herbeilockt, den ich liebe!"

Als sie sich endlich wieder öffnet, muss sie einen Weg gehen, der länger ist als vermutet. Denn der, den sie sucht und der sie gesucht hatte, ist fortgegangen. Jetzt muss sie auf ihre frühere Sicherheit verzichten. Es gibt keine Garantie.

Sie missachtet das Ausgehverbot und irrt in der Stadt umher auf der Suche nach ihm, vielleicht sogar außerhalb der Mauern. Wer das tut, muss einen Preis bezahlen. Zensur und Selbstzensur (die Wächter an den Mauern) gehen zum Gegenangriff über. Sie fragen: „Warum tust du das?"

Sie antwortet, indem sie den Körper des Geliebten beschreibt. Wie viele Schilderungen in der Literatur und in der Kunst haben nicht schon davon gehandelt, dass ein Mann den Körper einer Frau beschreibt. Hier ist sie Subjekt, sie sieht und beschreibt, und ihr Blick ruht auf ihm. Ohne Prüderie und Scham erzählt sie von dem, was ihre Lust weckt. Das gibt es selten. Und es ist kühn. Sein Bauch ist „eine Platte aus Elfenbein, überstreut mit Saphiren", das beschreibt wahrscheinlich einen bedeutend heißeren Körperteil, mit feinen blauen Adern, die durch die Haut schimmern.

Und er antwortet, indem er von ihr erzählt. Das besondere an seiner Schilderung ist nicht, dass ihr Schoß eine runde Schale ist – „möge der Wein niemals ausgehen!" –, sondern dass sie als eine Person dargestellt wird, die Macht hat. Die Teiche von Heschbon, der Libanonturm und das Gebirge Karmel sind ihre Augen, ihre Nase und ihr Haupt. Er appelliert an sie, ihm zu helfen: Wie man an den Hängen des Karmels mit Schlingen kleine Wildtiere fängt, so ist er gefangen worden in ihren Locken. Vorher war er König und machte, was er wollte. Jetzt ist er machtlos, gekettet an den Schmuck um ihren Hals. Er hat den Boden unter den Füßen verloren, ist schwach geworden und traut sich, das zu sagen.

Er hat für eine Zeit das Land verlassen, um gar nichts zu tun, nur zuzuschauen, wie die Obstbäume zu blühen beginnen ... und plötzlich ist er auf dem Weg zu ihr. Er ändert sein Verhalten und seine Einstellung. Beide sind sich darüber einig, die Liebe „nicht zu stören", bevor sie selbst es will, und sich ihr vorsichtig zu nähern wie einem wilden Tier auf freiem Feld – aber nun wollen sie ja, sie beide!

Wenige Bücher der Bibel sind so umstritten gewesen wie das Hohelied – und so geliebt. Das ist nicht verwunderlich. Ein so inniger Text weckt starke Gefühle. Plötzlich breitet sich eine Blumenwiese aus, und das dünne Blatt Papier in der Bibel beginnt zu duften nach Flieder und Moschus, Honig und Wein. Vielleicht wurde der Text im Altertum in einem besonderen Gottesdienst verwendet, in dem es um die heilige Hochzeit von Himmel und Erde ging – symbolisiert und zusammengefasst in einem Königsritual, in dem der König und die Königin sich umarmen und zum Ursprung für neues Leben im ganzen Land (oder in der ganzen Welt) werden. Ein Teil der Texte klingt ähnlich wie die nordischen Volkslieder und Mitsommertänze. Es fällt schwer, sich das Hohelied ohne Musik und Tanz vorzustellen.

Bei allem, was über das Hohelied gesagt wird, begegnen zwei Ströme der Erklärung. Der eine behauptet, das Hohelied sei „nichts als reine erotische Lyrik", der andere, es sei „nichts anderes als ein Gleichnis über das Verhältnis des Volkes oder der Seele zu Gott". Hätte man zu der Zeit, als der Text geschrieben wurde, eine Person befragt, so hätte sie vielleicht geantwortet: Ich verstehe nicht, was du meinst. Es handelt von allem, und zwar gleichzeitig. Im Hebräischen wird das Wort „jada" sowohl in der Bedeutung „Gott erkennen" verwendet als auch für das geschlechtliche „Einander-Erkennen" von Mann und Frau.

Daher stammen alle Verwechslungen, Missverständnisse, Missbräuche und Missdeutungen, denen der Text über Jahrhunderte ausgesetzt war. Zumal er in der Zeit der frühen Kirche als Spiegelbild und Verdeutlichung der Liebe zwischen Christus und den Gläubigen gedeutet wurde. „Glauben“ war dasselbe wie „Lieben“, den Geliebten kennenzulernen und nach seinem Bild verwandelt zu werden. Alle Gläubigen, allein und gemeinsam mit den anderen, übernahmen eine Rolle in dem Spiel – und die Rolle hieß, für Männer und Frauen gleichermaßen, „Christi Braut“ zu sein. Die Braut, an die alle dabei dachten, war die Frau im Hohelied. So wie sie liebt und geliebt wird, so sieht die Beziehung zwischen Gott und den Menschen aus, zwischen Christus und der Gemeinde. „Christi Braut“ war eine der Anspielungen auf bekannte Texte, mit denen man lebte. Sobald der Begriff genannt wurde, dachte man an das Lied der Lieder von den zwei Liebenden, wo sich Frau und Mann treffen in einer tiefen Gegenseitigkeit, die keine Gemeinschaft jemals ausdrücken kann.

„Die Frau, die liebt“ leuchtet wie ein Juwel zwischen etlichen finsteren Texten, in denen es um Gewalt, Blutrache und Unterdrückung geht. Es ist ein Wunder, dass das Hohelied den Weg in die Bibel ohne Zensur überstanden hat, aber wahrscheinlich war es bereits viel zu wichtig und beliebt, um auf es verzichten zu können. Es spricht von der Freiheit, Frau und Mann zu sein, die für jede Zeit wie ein Spiegel wirken kann: Wie können wir diese Freiheit nutzen? Wie können wir sie möglich machen?

„Stör die Liebe nicht ...“, lesen wir nun zum dritten Mal. Sie, die liebt, hat inzwischen Sehnsucht nach einer weniger dramatischen Liebe: nach Alltag, Freundschaft,

Vertrautheit, Geschwisterlichkeit. Aber weder Besitz noch Familienbande, weder Jugend noch Schönheit können die Liebe bewahren und erhalten. Das kann allein die Treue: „Siegel“, „Mauer“ und „Turm“. Liebe schenkt Freude und Lust, aber sie ist eine ernste Sache, „stark wie der Tod“.

Der letzte Dialog im Hohelied zeigt die Großzügigkeit der reifen Liebe. Er hebt sie empor vor den anderen Menschen, zeigt ihr Respekt und Interesse. Er will sie nicht zum Schweigen bringen, ganz im Gegenteil: „Die Freunde lauschen dir, lass auch mich deine Stimme hören.“

Und sie? Sie will ihn nicht einschließen. Sie antwortet mit der unverkennbaren Einladung einer geliebten und geborgenen Frau: „Beeil dich, mein Freund, hinauf zu den Bergen der Wohlgerüche!“

Eva und Maria

Die Erste und die Letzte

Aus der Rippe, die er vom Mann genommen hatte,
formte Gott, der Herr, eine Frau
und führte sie zum Mann.

Mit der Geburt Jesu Christi verhielt es sich so:
Seine Mutter, Maria, war verlobt mit Josef,
aber schon bevor sie zusammenlebten zeigte es sich,
dass sie schwanger war durch den Heiligen Geist.

Genesis / 1. Mose 2,22 – Matthäus 1,18

Eva und Maria. So abgenutzt erscheinen ihre Bilder. Wie Münzen, die von unzähligen Händen berührt worden sind. Eva, die erste Frau. Sie, die das Siegel des Paradieses aufbrach. Sie, gefährlich, heimtückisch, mit dem Verlangen nach Macht. Sie, die sich manipulieren lässt und selbst manipuliert. Sie, die alle mit sich ins Verderben reißt. Maria, die letzte Frau. Die zuhört und bejaht. Die sich zur Verfügung stellt. Die ideale Frau, die dient und sich selbst aufopfert. Durch die Menschlichkeit zur Befreiung wird.

Diese Art von Kontrast zwischen den beiden weiblichen Hauptrollen in der Bibel kennen wir inzwischen auswendig.

Aber ich habe einen Dialog zwischen ihnen gesehen.

Ich sehe, dass die erste Frau geboren oder geschaffen wird aus dem Mann. Sie ist keine Frucht einer liebevollen physischen Vereinigung zwischen Mann und Frau. Eva hat keine Geschichte, keine Vorfahren. Sie kann niemanden um Rat fragen, was es bedeutet, eine Frau zu sein. Sie ist eine Absonderung, ein Auszug aus einer lange Zeit ungetrübten Zweieinigkeit, die „Mensch" genannt wird.

Der Mann gebärt eine Frau, ohne die Hilfe einer Frau – Gott ist der Schöpfer.

Mit Maria wird der Prozess umgekehrt. Jetzt gebärt die Frau einen Mann. Aus Jahrhunderten der Entzweiung und Unterdrückung. Maria ist eingetaucht in die Geschichte und sich dessen bewusst: Alle Generationen werden mich segnen, sagt sie. Sie hat viele weibliche Vorfahren. Und alle haben in der Abhängigkeit vom Mann gelebt, im Guten wie im Bösen. Jetzt steigt eine

Frau aus der Geschichte heraus und gebärt einen Sohn, ohne die Hilfe eines Mannes – Gott ist der Schöpfer. Und wenn er erwachsen ist, nennt er sich Menschensohn – Kind der Menschen, das Kind, das ein Mensch ist.

Jene, die irgendwann die Berichte von Maria und ihrem Sohn aufschrieben, waren selbstverständlich keine ahnungslosen Personen. Sie müssen mehr von der tiefen Zusammengehörigkeit zwischen Eva und Maria erkannt haben, als wir das heute tun. Eva ist nicht „die schlechte Frau“ und Maria nicht „die gute Frau“ in einer moralisierenden Geschichte der Sonntagsschule. Es ist eine Geschichte über die Menschen ... die Gott brauchen, um ganz zu werden. Eine Geschichte, die sich langsam weiter entwickelt und in die wir alle mit hineingeschrieben sind. Männer und Frauen. Wir brauchen einander, aber wir sind einander nicht preisgegeben. Wir sind nicht völlig „auseinander geboren“.

Ein größerer Blick befreit uns.

Elisabet und Maria

Ein Augenblick der Freude

Nach einigen Tagen machte sich Maria auf den Weg
und eilte in eine Stadt in der Gebirgsgegend von Juda.
Sie ging zum Haus des Zacharias und suchte Elisabet auf.
Als Elisabet Marias Gruß hörte, strampelte das Kind in ihr,
und sie wurde erfüllt vom Heiligen Geist.

Lukas 1,29.41

Es steht ein Ja geschrieben über der jungen Frau, die dem Blick des Engels begegnet auf dem wunderschönen Gemälde von Fra Angelico im Kloster San Marco in Florenz. Noch nicht, doch bald wird sie es sagen. Noch hört sie, konzentriert und voller Erstaunen auf das, was der Engel zu sagen hat: „Du sollst gebären ... das Heilige in dir ... Gottes Sohn."

Der Engel steht auf einer Wiese, die übersät ist mit Frühlingsblumen. Es scheint früh am Morgen zu sein, der Saum seines Kleides ist nass vom Tau. Seine Flügel sind so farbenprächtig, wie es sich bisher niemand vorzustellen wagte. Der ganze Augenblick duftet nach neuem Anfang und Hoffnung, als hätte der Wind den Geruch frisch gewaschener Laken, die draußen zum Trocknen hängen, herübergeweht. Dieser Engel hat rosige Wangen und einen klaren Blick, bodenlos ernst und trotzdem hell, und er beugt sich ein wenig vor, wie in Ehrfurcht vor Maria, oder voller Achtsamkeit, um sie nicht zu erschrecken. Ich weiß nicht, wie er das geschafft hat, Fra Angelico. Das Gemälde ist ein Wunder in sich, der Augenblick, bevor Maria Ja sagt.

Sie sagt Ja dazu, die Errettung in sich zu tragen, Jesus zur Welt zu bringen, ihn in seiner Schutzlosigkeit zu verteidigen, ihn aufwachsen sehen – und ihn ziehen lassen, wenn die Zeit für ihn gekommen ist, sie zu verlassen und seinen eigenen Weg zu gehen.

Es ist ein Ja zur Freude, zu dem Unsicheren und Unbekannten. Ein Ja dazu, in die Geschichte einzutreten als verantwortliche Mitspielerin und nicht nur als Zuschauerin. Aber es ist auch ein Ja zur Trauer. Ein Ja zum Loslassen und zur Ohnmacht der Liebe.

Ein Ja zum Schmerz. Und zum Schwersten von allem: zu sehen, wie das eigene Kind einen Weg geht, den sie nicht verstehen und auf dem sie nicht folgen kann. Zu sehen, wie ihr Kind erniedrigt, missverstanden, verspottet und einem grausamen, ungerechten Leiden ausgesetzt wird.

Zum Tode verurteilt, so trägt er,
begleitet von Spott und von Hohn,
noch selber sein Kreuz auf den Hügel.
Wie grausam, der eigene Sohn!

Doch über Portale und Mauern,
grad als der Traum von der Liebe zerbricht,
fliegt mit gebrochenen Flügeln
empor ein Vogel ins Licht.

Lisbeth Smedegaard Andersen

Noch weiß sie das alles nicht, das junge Mädchen Maria, als sie ihr Ja sagt. Sie ist ängstlich und fragt sich, was das alles bedeuten wird – aber sie weiß es nicht. Sie ist stolz, glücklich und triumphierend – „es werden mir die Menschen aller Zeiten gratulieren!", singt sie – aber noch kann sie das alles nicht erfassen. Ihr Ja ist ein Ja zum Leben. Und mit ihr nimmt die alte, wohlbekannte Geschichte von Gott, der schutzlos und machtlos wie andere Menschen in die Welt kommt, eine unerwartet konkrete Wendung.

Maria aus Nazaret, einem kleinen, abgelegenen Dorf in einer entfernten galiläischen Gegend, knapp erwachsen, hinausgetreten auf die Weltbühne, aus den Familienbanden, den Konventionen und der Zugehörigkeit. Maria sagt Ja und wird ein Ich. Sie macht sich auf den Weg, heißt es in der Erzählung. Sie bricht aus dem Gewöhnlichen und Gewohnten auf. Es sieht nicht so aus, als hätte sie jemanden um Rat gefragt. Dort wo sie lebt, ist es sicherlich ungewöhnlich, dass junge Frauen reisen, vor allem nicht ohne Genehmigung und männliche Begleitung.

Sie eilt in eine Stadt in den Bergen von Juda. Sie geht zum Haus ihres Verwandten Zacharias und sucht seine Frau Elisabet auf, die ein Kind erwartet. Sie handelt geradlinig und schnell. Sie ist nicht länger ein Objekt für die Ambitionen und Absichten anderer. Sie handelt selbst. Sie ist ein Ich.

Als die beiden Frauen sich treffen, bestätigen sie sich gegenseitig ohne Scham und Vorbehalt. Ihr Altersunterschied beträgt mindestens eine, vielleicht sogar zwei Generationen. Aber sie erkennen einander sofort als Gleiche. Elisabet ruft „mit lauter Stimme", so steht es geschrieben, und ich kann mir gut die Jubel- und Triumphrufe vorstellen, wie sie Frauen aus dem Nahen Osten hervorbringen, wenn etwas Großes geschieht ... sie sparen wirklich nicht mit Lautstärke!

Ein Ich, das Ja gesagt hat, trifft ein Du:

Ich wusste schon, als sie kam: Da sind sie.
Und das Kind zuckte vor Freude in meinem Leben.
Ein kleiner Fisch im dunklen Wasser des Weltalls,
eine kleine Münze im Schatten meiner Hand ...

Propheten, Priester, hohe Patriarchen,
wo wart ihr, als Maria zu mir kam?
Was wisst ihr von der Freiheit, die an weiche Wände
in einem Frauenleben klopft?

Wir sahen uns an. Und der Frühlingswind
blies die Wäsche empor und alles flog zum Meer.

Aus: Maria durch ein Dornwald ging

Da stehen sie mit der Zukunft in ihren Körpern, zwei Frauen, eine alte und eine junge. Ich würde noch gern einen Augenblick dort bleiben, im Triumph, im Bewusstsein, in der Gegenseitigkeit. Bevor das Bild wieder verschwimmt und Maria benutzt werden kann als ein Vorbild an Demut und Keuschheit.

Manchmal ist es so, als würden die alten Bibeltexte einen Spalt in staubigen Vorhängen freigeben ... das Treffen von Elisabet und Maria ist ein solcher Text. Ich will es in der frischen Luft einatmen.

Die Frau am Jakobsbrunnen

Vertrauen ohne Vorbehalt

In dem Augenblick kamen die Jünger zurück.
Sie wunderten sich, dass er mit einer Frau sprach,
aber keiner fragte, was er wollte
oder warum er mit ihr sprach.

Johannes 4,27

Ich glaube, sie hatte eine andere Art, ganz einfach. Sie passte dort nicht hin." Eva Spångberg, eine der besten Holzschnitzerinnen Schwedens, sah zu mir hoch, als sie das sagte. In ihren Händen (ein Stück von ihrem einen Daumen fehlt – ihr Leben ist seitdem ein ständiger Triumph über diese Begrenzung) lag eines ihrer jüngsten Kunstwerke. Eine Darstellung der Frau am Jakobsbrunnen von Sychar. In Evas Interpretation hatte sie ein rosa Kleid bekommen. Die Frau saß am Brunnen und hatte den Krug mit Wasser neben sich gestellt. Ihr Haar war dunkel und unbedeckt, wenn ich mich richtig erinnere. Auf der anderen Seite des Brunnens, gegen die Kante gebeugt, saß Jesus. Er neigte sich zu ihr, um wirklich aufnehmen zu können, was sie ihm sagte. Niemand von ihnen saß höher als der andere. Er sah zu ihr und schenkte ihr seine ungeteilte Aufmerksamkeit, sein Blick war voller Ernst und Erwartung.

Ich erinnere mich, dass ich zu weinen begann bei diesem Blick.

Unter den Schilderungen der verschiedenen Frauen in der Bibel ist dies eine der Erzählungen, die mich am tiefsten berührt haben. Sie beginnt damit, dass sie genau den Zeitpunkt angibt, an dem sich die Frau am Brunnen von Sychar und der fremde Wanderprediger Jesus begegnen. Es ist mitten am Tag, so sagt die Erzählung. Hat das irgendeine Bedeutung? Ja, das hat es. Zum einen unterstreicht es, dass Jesus und die Jünger müde sind. Mitten am Tag steht die Sonne im Zenit, dort im Nahen Osten. Es ist wirklich heiß. Sie haben wahrscheinlich auch heute einen langen Weg zurückgelegt. Jetzt hat der Meister Halt gemacht. Er, der auf den Berg Tabor gestiegen war ohne größere Anstrengung (und wer dort ankommt, stellt fest, dass es keine geringe Leistung ist), meint, dass es jetzt Zeit zum Ausruhen ist. Die herumwandernde Schar hatte noch kein Essen und kein Wasser besorgt. Die Hitze hat Kraft gekostet. Höchste Zeit für eine Siesta!

Zum andern zeigt die Erzählung, dass es etwas Merkwürdiges auf sich hat mit der Frau, die sich nun langsam dem Brunnen nähert, um Wasser zu holen. Weit und breit ist niemand zu sehen. Normale, vernünftige Menschen kommen nicht auf die Idee, Wasser zu holen, wenn die Sonne am schlimmsten brennt. Das machen die Frauen der Stadt vielmehr früh am Morgen, wenn die Luft noch kühl ist und es leichter fällt, mit Lasten zu wandern. Der Brunnen ist ein Versammlungsplatz für die Frauen. Dort nehmen sie sich die Zeit, um Neuheiten und vertrauliche Mitteilungen auszutauschen, aber auch gute Ratschläge und eine gehörige Portion Klatsch und Tratsch, all das, womit die Frauen untereinander ihre Beziehungen aufrechterhalten und vertiefen.

Wenn man stattdessen mitten am Tag dorthin geht, kann es nur einen vernünftigen Grund dafür geben: Man will den anderen ausweichen. Niemand zahlt den hohen Preis, dorthin zu gehen, wenn es am schwersten ist, es sei denn, es gibt gute Gründe dafür, den Blicken und Kommentaren der anderen auszuweichen. Diese Frau steht draußen. Sie ist ausgestoßen. Das ist etwas, worauf die Erzählung hinweist, bevor wir irgendetwas anderes über sie wissen. Jeder, der sie um diese Tageszeit dort gesehen hätte, hätte den gleichen Schluss gezogen.

Darum ist es auch so eigentümlich, dass Jesus sie sofort

anspricht. Gerade er hätte erkennen müssen, schon als sie auftaucht, dass etwas mit ihr nicht stimmt. Zuerst einmal: Sie stammt aus Samarien. Das allein ist schon Grund genug für einen Juden, nichts mit ihr zu tun zu haben.

Nach der Babylonischen Gefangenschaft entstand nämlich ein Schisma zwischen den Samaritern, die nördlich von Judäa wohnten, und dem Teil von Israel, der ins Exil deportiert worden war und nach und nach zurückkehrte, um sich südwärts anzusiedeln. Die Samariter hielten an den ersten Büchern der Bibel fest – Genesis, Exodus und die drei anderen Mosebücher –, aber lehnten jene ab, die später dazukamen: die Bücher der Richter und Könige, der Propheten und die anderen. Sie vertraten die Ansicht, dass der wahre Opferplatz in Samarien lag, und waren nicht bereit, den Tempel anzuerkennen, der in Jerusalem gebaut worden war. Dafür wurden sie von den Juden verachtet als ein Volk mit verstümmeltem und unvollständigem Glauben. Ein rechtgläubiger Jude lehnte jeden Kontakt zu Samaritern ab. Das ist auch der Grund dafür, dass das Gleichnis vom barmherzigen Samariter unter Jesu Zeitgenossen so kontrovers aufgenommen wurde – Samariter waren ja keine „richtigen Menschen“, und Jesus bezeichnet einen Samariter als Vorbild.

Jemand aus Samarien, und dazu noch eine Frau – ein weiterer guter Grund für einen Juden, nicht mit ihr zu reden. Natürlich hat sie keine Ausbildung, das war etwas, das Frauen verwehrt wurde. Zu all dem kommt hinzu, dass sie die moralischen oder sozialen Regeln ihrer eigenen Umgebung gebrochen haben muss, da sie allein mitten am Tag kommt, um Wasser zu holen. Jesus hätte durch sie hindurchsehen oder sich abwenden und schweigen müssen, als sie sich näherte. Stattdessen blickt er sie an. Und stellt eine Frage.

„Kannst du mir etwas zu trinken geben?"

Die Bibel ist, wie gesagt, ein Buch wie ein Gewebe: Durch das Gewirr von Erzählungen und Episoden laufen viele Fäden, Verbindungen kreuz und quer durch die Jahrhunderte und Gattungen. Wenn man es am wenigsten ahnt, steht man plötzlich mitten zwischen Gegenwart und Altertum und sieht die Lichter aus beiden Richtungen blinken. Wir heute können dieses Blinken nicht so gut erkennen wie die Menschen zur Zeit der Samariterin. In der Frage des Fremden muss sie einen Klang aus den Mosebüchern, den heiligen Schriften auch ihrer Tradition, gehört haben, der ihr wohlvertraut war. Das war ja genau dieselbe Frage, die der alte Elieser im ersten Buch Mose der jungen Rebekka stellte, als er sie nach seiner langen Reise endlich am Brunnen traf. Er war gekommen, um eine Braut für Abrahams Sohn Isaak zu finden. Rebekka, eine entfernte Verwandte, wurde eingeladen, sich mit dem Teil ihres Volkes zu vereinigen, der aufgebrochen war, um Gottes Versprechen Folge zu leisten, dem Versprechen von einem neuen Land und einem neuen Leben. Und jetzt? Samariter und Juden – konnten sie nicht trotz aller alten Konflikte etwas gemeinsam haben? Waren sie nicht in Wahrheit entfernte Verwandte?

Die Worte, die Jesus als nächstes sagt, überraschen noch mehr: „Wenn du wüsstest, wie viel Gott zu geben hat, und wer ich bin, der ich dich bitte, so hättest du mich um etwas zu trinken gebeten, und ich hätte dir lebendiges Wasser gegeben."

Eine Frau, sie heißt Maureen, reiste nach Toronto zu einer Einkehrfreizeit, in der es genau um diese Erzählung ging. Sie nahm sich die Zeit, darüber nachzudenken, was der Text ihr zu sagen hatte. „Etwas stand für mich von Anfang an fest", berichtet sie, „und zwar, dass ich die samaritische Frau bin, und sie ist ich. Sie ist direkt, aufrichtig und offen. Aber zugleich ist ihr Leben nicht so geworden, wie sie sich das erhofft hatte."

Als sie zum Brunnen kommt, hat sie mehrere zerbrochene Beziehungen mit Männern hinter sich. Ihr Vertrauen zu Männern ist vielleicht genauso schwach wie das in andere Frauen. Sie ist von Einsamkeit umgeben. Bestimmte Bilder von ihr und Vorurteile haben sich in der Stadt verbreitet, vielleicht schon seit mehreren Jahren. Es ist lange her, dass jemand sie so sah, wie sie wirklich ist.

Der Mann, den sie trifft, ist auch einsam. Seine Jünger sind in die Stadt gegangen, um etwas für das Mittagessen zu besorgen. Er ist einsam, unter anderem deshalb, weil keiner von denen, die ihm nahestehen, so richtig weiß, wer er ist. Sein Auftrag und seine Identität bedeuteten wohl manchmal eine schwere Last für ihn. Jetzt sitzt er hier, so weit entfernt von dem Bild eines siegreichen Helden, wie es nur irgend möglich ist.

„Da stellte ich erstaunt fest", berichtet Maureen, „dass Jesus von dieser Frau mehr brauchte als Wasser. Ich glaube, er brauchte jemanden, der ihm ganz tief und intensiv zuhörte." Das konnte seinen Durst nach Widerhall lindern. Er hatte das Bedürfnis, ihr zu erzählen, wer er war – dass er gekommen war, um anderen Leben zu geben, wie eine Wasserquelle, die niemals versiegt. Und sie blieb dort, die Frau am Brunnen von Sychar, und sprach mit diesem Fremden, obwohl sie wusste, welches Risiko sie damit einging, jemandem zu antworten, den sie nicht kannte. Vielleicht hatte er einen bestimmten Ton in ihr getroffen – die Sehnsucht, selbst tief und intensiv gesehen und bestätigt zu werden.

„Aber du hast nichts, womit du Wasser schöpfen kannst. Woher nimmst du dann lebendiges Wasser? Bist du besser als unser Vater Jakob, der uns den Brunnen gab?"

Ein Seil wird in den Brunnen hinuntergelassen, ein Zeitseil. Es reicht tief hinunter bis in die Zeit der Patriarchen. Ein Schnitt gerade durch die Zeiten bis zu Jakob, dem Sohn Isaaks und dem Enkel Abrahams. Die Frau am Brunnen ist sich der Geschichte bewusst. Sie weiß, dass Isaak am Beer-Lahai-Roi wohnte, dem Brunnen, an dem Hagar Gott einen neuen Namen gab: „Der sehende Gott" oder „Gott, der mich sieht". Sie weiß, dass Jakob dieses Stück Land kaufte, als er heimkehrte, um sich mit seinem Bruder Esau zu versöhnen. Ihr ist bewusst, dass Hagar, Sara, Rebekka und Rahel Wasser von den Brunnen hier in der Gegend geholt haben, ja, auch aus diesem. Wer ist nun dieser Fremde, der den Anspruch auf eine Wasserquelle erhebt, die völlig anders ist als diese hier?

Lebendiges Wasser bedeutet strömendes, frisches Wasser im Gegensatz zu stehendem, trübem. Wasser, das aus eigener Kraft aus der Quelle hervortritt. Ich habe einmal eine so genannte Springquelle in Nordschweden gesehen. Das Wasser sprudelte in Kaskaden aus einer unterirdischen Ader. Nie im Winter friert sie völlig zu, sondern sprudelt weiter, und ein Teil des Wassers friert an der kalten Luft zu Eis, lagert sich übereinander, und es wachsen Skulpturen, die das flammende Winterlicht in der Waldlichtung zurückwerfen.

Jesus antwortet der Frau: „Wer von diesem Wasser trinkt, wird wieder durstig. Wer jedoch von dem Wasser trinkt, das ich ihm gebe, wird nie mehr durstig. Das Wasser, das ich ihm gebe, wird eine Quelle in ihm, die ewiges Leben gibt."

Ich lese die erstaunliche Antwort und denke an die Teilnehmer eines Volkshochschulkurses, mit denen ich mich einmal traf. Sie bekamen den Auftrag – ungefähr so wie Maureen während der Einkehrfreizeit in Toronto –, eine Erzählung aus der Bibel auszuwählen, von der sie besonders angesprochen wurden, und diese neu zu schreiben, so, dass sie selbst darin vorkamen. Die Teilnehmer des Kurses waren unterschiedlich alt. Die meisten von ihnen hatten bis dahin noch keine eigene Erzählung dieser Art geschrieben.

Einer der älteren Männer, Schwede mit finnischen Wurzeln, schrieb einen bemerkenswerten und persönlichen Text ausgerechnet über die Frau am Brunnen von Sychar. Er versetzte sich in ihre Situation. Die Erzählungen der Bibel bieten die Möglichkeit, eine Rolle zu ergreifen und dabei die Grenzen der Zeit, des Raumes und des Geschlechtes zu überschreiten. In diesem Augenblick, so schrieb er, stieg in der Frau am Brunnen von Sychar eine Kindheitserinnerung hoch. Sie sah, wie ihr Vater sie mit in die Berge nahm, als sie klein war, und ihr einen Bach zeigte, der an einem Bergrücken herabfloss. „Dieses Wasser kannst du trinken“, hatte er ihr gesagt, „das ist rein und klar und enthält nichts, was dir gefährlich werden könnte.“ Nun blickte sie zurück auf ihr Leben und merkte, dass sie sich weit entfernt hatte von dem, was einfach und selbstverständlich ist. Es zeigte sich, dass der Mann, der diese Version schrieb, lange Jahre Alkoholiker gewesen war, bis sich sein Leben geändert hat. Er wusste etwas über Durst.

Die Antwort der Frau kommt deutlich und schnell: „Gib mir dieses Wasser, damit ich nicht mehr jeden Tag mit meinem Krug hierher kommen muss!“

Das Gespräch zwischen ihr und dem Fremden aus Galiläa geht noch mehr in die Tiefe. Jetzt wendet er sich ihr direkt zu: „Geh und hole deinen Mann.“ Da antwortet sie: „Ich habe keinen Mann.“

Er weiß, dass sie früher fünf Männer gehabt hat, und der, mit dem sie jetzt zusammenlebt, ist nicht ihr Mann. Er sagt es eher als Feststellung denn als Urteil über sie. Sie merkt, dass er sie sieht. Dass er Dinge über sie weiß, die er nicht durch Hörensagen oder Klatsch erfahren hat – seine Kenntnis von ihr kommt aus einer anderen Quelle. Und er lässt sie jetzt nicht allein. Stattdessen ermuntert er sie, obwohl sie ihm längst nicht alles gesagt hat: „Wenn du sagst, dass du keinen Mann hast, hast du die Wahrheit gesprochen.“

Nun ahnt sie, dass es mit diesem Mann etwas Besonderes auf sich hat. Er muss ein Gottesmann sein, ein Prophet. Und da sie sieht, dass er Jude ist, greift sie die Gelegenheit beim Schopf und fragt ihn nach einer

Sache, die die Samariter und Juden trennt: „Unsere Väter haben Gott auf diesem Berg angebetet, aber ihr sagt, der Anbetungsplatz befindet sich in Jerusalem."

Wir heutigen Leser denken vielleicht, dass das Gespräch in diesem Augenblick eine erstaunliche Wendung ins Abstrakte macht, so als würden sie schnell das Persönliche verlassen und nun politische und geistliche Fragen diskutieren. Aber die Frau hat etwas verspürt, was tiefer geht als ihr Durst nach einem Mann, mit dem sie leben kann, ja, tiefer als die Sehnsucht nach Gemeinschaft mit den anderen Frauen am Brunnen. In der Begegnung mit Jesus erkennt sie ihr Bedürfnis nach Anbetung.

Ich bin davon überzeugt, dass Anbetung ein Grundbedürfnis jedes Menschen ist, genauso stark wie Essen, Trinken oder Sex. Anbetung ist etwas anderes, als ein Tischgebet oder ein Abendgebet zu sprechen. Anbetung ähnelt viel mehr dem, was jedes Jahr in Schweden irgendwann eintrifft: Die erste Frühlingssonne schenkt etwas Wärme, und wir lassen alles los, lehnen uns gegen eine Wand, schließen die Augen und tun nichts anderes als Aufnehmen. Wir hören für einen Augenblick auf, etwas leisten zu müssen, uns Stress zu machen und wegen gestern oder morgen zu beunruhigen. Wir stehen einfach da in dem, was ist, lassen das Leben kommen, hören auf, uns zu verteidigen, und spüren eine stille Dankbarkeit, Teil des großen Ganzen zu sein. Ohne direkt etwas vom Leben zu erwarten, treten wir ein und lassen es mit uns geschehen.

Manchmal in unserer frühen Kindheit, vielleicht

nicht oft, vielleicht nicht lange, erhielten wir einen Abdruck in uns von so einem Augenblick, von einem Raum unbedingten Vertrauens. Ich glaube, Anbetung bedeutet, diesen Raum wieder aufzusuchen. Weil wir dort Kraft erhalten, um weitergehen zu können. Oder einfach, weil wir dort Leben spüren.

Jetzt sagt der Fremde zur Frau am Brunnen von Sychar, dass Anbetung überall da möglich ist, wo man sich gerade befindet. Verschiedene religiöse Systeme knüpfen Anbetung an bestimmte äußere Orte: „Aber die Zeit kommt, ja, sie ist schon da, zu der die wahren Anbeter Gottes den Vater im Geist und in der Wahrheit anbeten werden. Gott ist Geist, und die ihn anbeten, müssen ihn im Geist und in der Wahrheit anbeten."

„Ich weiß, dass der Messias kommt, und wenn er kommt, wird er uns alles wissen lassen", sagt die Frau, und man kann fast hören, wie sie nach Atem ringt, als sie von einer Ahnung ergriffen wird, genau in dem Augenblick, als der Fremde antwortet:

„Ich bin es, der mit dir spricht."

Jeder, der später an diesem Gespräch teilnahm, hörte das „Ich bin" in der letzten Antwort Jesu an die Frau – den unmissverständlichen Gottesnamen seit der Zeit des Mose (und da die Samariter die Mosebücher genau kannten, verstanden sie diese Anspielung sehr wohl). Dies ist der Brennpunkt des Gesprächs. Und danach bricht es ab, weil die Jünger mit dem Essen kommen, das sie inzwischen besorgt haben. Die sind verwundert, so lässt uns die Erzählung wissen – aber nicht über das unerhörte „Ich bin" Jesu, sondern darüber, dass er mit einer Frau spricht. Das Unvorstellbare ist eingetroffen!

Jesus sagt ihnen, dass er keinen Hunger mehr hat. Das Gespräch hat ihn gesättigt. Er hat das bekommen, was er braucht, einen Widerhall von einer fremden, verachteten Frau, die zu einem anderen Volk gehört. Sie hat besser als viele andere gesehen und verstanden, wer er ist und was sein Auftrag ist. Sie ist bereits auf dem Weg zurück in die Stadt, um zu berichten, was sie erlebt hat.

„Kommt mit, dann könnt ihr einen Mann sehen, der mir alles gesagt hat, was ich getan habe. Ob das der Messias ist?"

Vergessen ist die Schande. Die Frau am Brunnen ist aus den Bildern und Vorurteilen der anderen hinausgetreten. Sie ist sogar aus ihrem eigenen Selbstbild hinausgetreten. Das hebräische Wort „ajin" bedeutet beides, „Quelle" und „Blick". Der Blick des Fremden hat ihr Leben verändert.

Was uns hier in der Bibel begegnet, ist wirklich ein Dialog, der auf Gegenseitigkeit beruht, ein theologisch und politisch stark verdichtetes Zusammentreffen, ein Gespräch mit einer Frau als selbstverständlichem, gleichberechtigtem Gegenpart. So ein Gespräch kann nicht ohne Spuren in der Menschheitsgeschichte bleiben. Frauen kann die Ausbildung verwehrt werden, der Respekt, der Widerhall, die Wiedergutmachung, sowohl in religiöser als auch in politischer Hinsicht – und das geschieht täglich. Aber in dieser Geschichte gelten die ganze Aufmerksamkeit und Nähe den beiden, die dort so intensiv zusammen sind. Und das Gespräch, das sie führen, ist wie eine Brücke zur Anbetung im Geist und in der Wahrheit, einer Anbetung, die aus dem tiefsten Punkt des Daseins herausströmt und sich ihren

Weg sucht – jenseits von allem, was politisch, sozial oder religiös angesagt ist. Gott und Mensch begegnen sich von Angesicht zu Angesicht. Die spanische Heilige Teresa von Ávila, übrigens von jüdischer Herkunft, berichtet von eben dieser Erfahrung, dass ihre Beziehung zu Gott auf Gegenseitigkeit beruht. Einmal, so schreibt sie, betete sie zu Jesus: „Ich bin Teresa von Jesus."

Jesus antwortete ihr, so berichtet sie: „Und ich bin Jesus von Teresa."

Die Leute aus der Stadt kommen zum Brunnen, um mit dem Fremden zu sprechen, sie laden ihn zu sich nach Hause ein, er bleibt einige Tage bei ihnen, und schließlich kann die Frau sehen, dass ihre Nachricht bestätigt wird: „Jetzt glauben wir nicht mehr, weil du es uns gesagt hast. Wir haben ihn selbst gehört."

Und am Brunnen steht immer noch ein vergessener Krug.

Maria von Magdala

Der Duft der Hingabe

Aber Maria stand draußen vor dem Grab und weinte.
Und während sie weinte, beugte sie sich hinein
und sah zwei Engel in weißen Kleidern.
Die saßen da, wo der Leib Jesu gelegen hatte,
einer bei dem Kopf und einer bei den Füßen.
Und sie sagten ihr: „Warum weinst du, Frau?"

Johannes 20,11–13

Maria von Magdala ist die Frau, die berühmt wurde, weil sie Jesus liebte. Sie war bestimmt ein sehr mutiger Mensch, stark und gefühlvoll zugleich. Wir glauben, dass wir sie gut kennen, aber vielleicht ist sie die am meisten missverstandene Frau in der Bibel.

Zuerst dies: Etwas mit ihrem Namen stimmt nicht. „Von Magdala" ist kein Familienname; es ist der Name ihrer Heimatstadt. Maria von Magdala, ungefähr wie Maria aus Göteborg oder aus Paris. Warum der Name eines Ortes statt eines Familiennamens? Ist sie geschieden? Damals in Israel waren praktisch alle Frauen verheiratet. Nicht weil sie heiraten wollten oder weil sie sich dafür entschieden. Ihre Eltern verheirateten sie ohne ihre Einwilligung, mit zwölf oder dreizehn Jahren. Aber eine Frau konnte sich scheiden lassen, auf eigene Initiative.

Ist sie vielleicht Witwe? Oder verließ sie ihre Familie, um Jesus zu folgen? Wir wissen es nicht. Wir wissen nur, dass ihr Name deutlich zeigt: Sie ist unverheiratet.

Magdala ist ihre Heimatstadt. Es war eine ziemlich wohlhabende Stadt am See Gennesaret. Die Menschen dort lebten vom Fischfang und von dem, was wir heute als „Freizeit, Tourismus und Kultur" bezeichnen würden. Magdala war eine hellenistische Stadt, die viele Menschen anzog, vor allem solche aus der Mittelschicht oder darüber. Viele von ihnen waren gebildet und wohlsituiert, etliche kamen aus anderen Teilen des Römischen Reiches, zum Beispiel aus Ägypten, Syrien oder sogar aus Griechenland.

In Marias Namen findet sich auch eine Andeutung, dass sie ihre Heimatstadt verlassen hat: von Magdala.

Warum ist sie gegangen? Wie wir den Berichten entnehmen können, hat sie ihre Stadt verlassen, um Jesus nachzufolgen. Das ist eine wichtige Information. Im Lukasevangelium erfahren wir, dass viele Frauen Jesus nachgefolgt sind, und dass Maria Magdalena eine von ihnen war. Lukas berichtet, dass diese Frauen Jesus und die Jünger auf ihren Wanderungen versorgten, sie waren sozusagen Sponsoren. Das bedeutet, dass Maria von Magdala wohlhabend gewesen sein muss und über ihren Besitz verfügen konnte. Sie kann keine arme Frau gewesen sein. Ähnlich berichtet der Evangelist Markus. Er sagt, dass diese Frauen zuerst einmal Jesus beobachteten und ihm zuhörten. Dann folgten sie ihm und unterstützten ihn. Sie gingen mit ihm den ganzen Weg bis zum Ende in Jerusalem.

Lukas berichtet außerdem, dass Maria Magdalena geheilt oder befreit wurde von sieben bösen Geistern. Es ist heutzutage schwer festzustellen, ob er meinte, dass sie wirklich besessen war, oder ob es sich um eine physische Krankheit handelte. Alles, was einem Menschen zustieß, wurde damals als das Werk böser Kräfte angesehen. Doch eins steht fest: Maria muss sehr gelitten haben, bevor sie geheilt wurde. Vielleicht war sie als „unrein" ausgestoßen oder hatte es wegen ihres Leidens schwer, am sozialen Leben teilzunehmen. Und das kann auch erklären, warum sie keine Familie hatte. Es ist möglich, dass sie nicht heiraten oder verheiratet werden konnte.

Außer diesen kurzen Notizen erfahren wir erst einmal nichts mehr über Maria Magdalena. Wir müssen warten, bis wir ihr in der letzten schweren Zeit mit Jesus und direkt nach seiner Auferstehung begegnen. Sie steht am Kreuz, zusammen mit Maria, der Mutter Jesu, und seinem geliebten Jünger Johannes. Bis zum Ende folgt sie Jesus. Und sie ist die Erste, die nach seinem Tod zum Grab kommt.

Der Bericht über Maria am Grab Jesu folgt exakt demselben Muster wie die Berichte über die Begegnung der männlichen Jünger mit ihrem Meister. Es wird die Trauer geschildert und die Tatsache, dass ihn zuerst niemand erkennt, dann der Augenblick, als er sich zu erkennen gibt, die Überraschung, der Befehl und die Sendung, den anderen von der Auferstehung zu berichten, und zuletzt das plötzliche Sich-Entziehen Jesu. Alles stimmt bis aufs i-Tüpfelchen mit den Erfahrungen der Apostel nach der Auferstehung überein. Maria von Magdala erfüllt alle Kriterien dafür, als Apostel bezeichnet zu werden:

Sie hat ihr altes Leben verlassen und folgte Jesus Tag und Nacht als Jüngerin.

Sie ist Augenzeugin seiner Kreuzigung und Auferstehung.

Sie erhält den Auftrag, diese gute Nachricht zu verkündigen.

Nur eine Sache unterscheidet sie von den anderen: Sie ist als Erste zur Stelle. Und zwar nicht deshalb, weil sie glaubt, die Nachricht von Jesus und seiner Auferstehung verbreiten zu sollen, sondern deshalb, weil sie liebt. Ganz einfach. Sie erwartet nichts anderes, als Jesu toten Körper im Grab zu finden. Als sie zum Grab geht, nimmt sie damit bewusst ein Risiko auf sich, denn es wird von römischen Soldaten bewacht. Ihre Handlungsweise zeigt, dass sie von einer tiefen und treuen Hingabe ohne jede Berechnung getrieben wird. Sie kann nichts gewinnen dort am Grab.

Da angekommen entdeckt sie, dass der Stein vor dem Grab fortgerollt ist. Als sie in das leere Grab blickt, ist sie erschrocken und fassungslos. Ihre spontane Folgerung lautet: Jemand muss den toten Körper gestohlen haben. Sie war also nicht mit der Erwartung gekommen, dass Jesus von den Toten auferstehen würde. Sie steht weinend am Grab und starrt in das unbegreifliche Dunkel, das sie nach dem größten Verlust ihres Lebens umgibt. Diejenigen, die ihre Lieben bei Katastrophen verloren haben, können davon berichten, wie furchtbar der Schmerz ist, nicht einmal von den sterblichen Überresten des geliebten Menschen Abschied nehmen zu können. Dies ist ein zusätzliches Gefühl der Verlassenheit, das Maria Magdalena in ihrer Trauer niederdrückt.

Hinter sich hört sie jetzt Schritte und eine Stimme, die fragt: „Frau, warum weinst du? Wen suchst du?"

Die Trauer verändert die Art und Weise, in der wir die Wirklichkeit erleben. Auch das Bekannte kann plötzlich fremdartig erscheinen. Sie hätte die Stimme sofort erkennen müssen, da sie ihm doch jahrelang zugehört hat. Aber in der Dunkelheit, in der sie sich befindet, dringt nur der bloße Inhalt der Worte an ihr Ohr. Sie denkt, dass es sich um den Gärtner bei der Grabpflege handelt, der zu ihr spricht. Und sie antwortet:

„Ich suche meinen Meister, aber er ist fort. Ich weiß nicht, wohin sie ihn gebracht haben!"

Da ruft die Stimme sie bei ihrem Namen, und ein unbekannter Gärtner kann nicht wissen, wie sie heißt.

„Maria!"

Und der Schleier der Traurigkeit, der über Maria Magdalena liegt, wird angehoben. In einem Augenblick äußerster Bestürzung dreht sie sich um – und sieht Jesus im Garten stehen, die Morgensonne in ihrem Rücken. Als er ihren Namen ruft, erkennt sie die Stimme.

„Rabbuni!“

Die Antwort („Rabbuni“ bedeutet „Meister“) hat in der Menschheitsgeschichte einen tiefen Eindruck hinterlassen, und so wurde das Wort bis in unsere Zeit erhalten, ohne dass es übersetzt werden kann. Es steht da in der Ursprungssprache, wie ein Insekt im Bernstein, und erinnert an diese einzigartige Begegnung, die alles verändert hat und unvergesslich bleibt. Wenige Antworten in der Weltliteratur sind so gewaltig und menschlich zugleich.

Sofort will sie ihn berühren, doch Jesus macht ihr deutlich, dass jetzt alles anders ist als vorher: Er ist nicht nur wieder lebendig geworden wie Lazarus, sondern er ist verwandelt oder, biblisch gesprochen, verherrlicht worden. Jetzt herrschen andere Gesetze als die gewohnten. Grenzen, die Zeit und Raum trennen, sogar Leben und Tod, sind durchbrochen. Dies ist das erste Zeichen dafür, dass Gottes Reich kommt. Maria Magdalena soll wissen: So wie Jesus verwandelt wurde, so werden auch die verwandelt, die zu ihm gehören. Er ist nur der Erste von vielen. Darüber soll sie jetzt den anderen berichten. Die große Neuheit muss verbreitet werden.

Als er ihrem Anblick entschwunden ist, beeilt sie sich, um dem Kreis der Freunde Jesu zu erzählen, was sie erlebt hat.

Vielleicht sind einige inzwischen schon etwas ungeduldig und fragen sich, wann ich endlich zu dem interessantesten Punkt an der Geschichte von Maria von Magdala komme – dass sie Prostituierte war, bevor sie Jesus traf: eine schöne und gefährliche Frau, die gegen alle Erwartungen gerechtfertigt wurde. Leider kann ich diese Erwartung nicht erfüllen. Nichts in der Bibel sagt, dass es sich so verhält.

Aber wer ist dann die „gefallene" Frau, die ungeladen ins Haus des Pharisäers kommt, die ihre Sünden beweint und die Jesu Füße mit ihren langen Haaren abtrocknet? Und was ist mit Maria in Betanien, nahm sie nicht eine Flasche mit kostbarem, wohlriechenden Öl und salbte seine Füße damit? Wenn wir diese Texte sorgfältig lesen, finden wir keinen Hinweis darauf, dass es sich dabei um Maria Magdalena handelt.

Die Frau in Simons Haus hat ihre eigene Geschichte. Sie wohnt in derselben Stadt wie Simon und ist bei den übrigen Einwohnern gut bekannt. Maria in Betanien ist die Schwester von Marta und Lazarus; niemals wird sie identifiziert als Maria aus der weit entfernten Stadt Magdala. Aber im Lauf der Kirchengeschichte sind all diese unterschiedlichen Erzählungen miteinander verschmolzen, und es entstand ein einziges eindrucksvolles und fast unbestreitbares Bild. Maria Magdalena wird die schöne und gefährlich anregende Frau, die zutiefst ihren früheren Lebenswandel bereut und die zugleich kühn die Vorurteile und die Verachtung ihrer Umgebung herausfordert.

Dieses zusammengesetzte Bild zeichnet eine starke und auffallende Gestalt, aber nichts in den biblischen

Geschichten gibt einen Hinweis, dass es sich um ein und dieselbe Person, um Maria von Magdala gehandelt habe. Erscheint es nicht viel plausibler, dass es viele Frauen gab, die auf unterschiedliche Weise ihre gefühlsmäßige Nähe zu Jesus zeigten? Jesus begegnet diesen Frauen mit Respekt und Hochachtung. Für alle Zusammentreffen zwischen Jesus und solchen hingebungsvollen Frauen gilt: Wenn sie von ihrer Umgebung infrage gestellt werden, bezeichnet er sie als Beispiel für andere und stellt sich auf ihre Seite. Bei dem, was sie tun, fragt Jesus nicht nach ihrem Ruf. Er blickt sie an und sieht ihr Herz. Über diesen Blick schreibt Sven Aasmundtveit, ein zeitgenössischer norwegischer Liederdichter, in seinem Text über die Frau im Haus des Simon:

Stumm ist sie wie die Nacht,
wie die Katze, so weich und so sacht
und empfindlich wie Rosen im Schnee.
So viele Männer, die zu ihr kamen,
hat Wärme geschenkt, und alle nahmen –
und gingen ohne Dank und Adieu.

Kein echtes Zuhause, kein sicherer Hafen,
und jedermann wusste, mit der kannst du schlafen!
Nur Liebe im Dunkeln, mal dort und mal hier.
Sie wurde die Freundin der Schatten,
im Stall bei Abfall und Ratten,
und wer sie kaufte, der wurde zum Tier.

Sie berührt den Fuß von diesem Mann.
Wie ein Bruder schaut er sie lange an.

Sein Blick voller Achtung macht Mut.
Sie liebkost ihn, so ganz ohne Scham,
wie die Freundin, die grad zu ihm kam,
wie die Schwester, die Mutter das tut.

Und sie lässt ihren Tränen freien Lauf,
seine Füße fangen die Tränen auf,
die trocknet sie ab mit samtweichem Haar.
Jesus lässt alles geduldig geschehen,
sie kann sein freundliches Lächeln sehen.
In ihr taut auf, was erfroren war.

Sie richtet sich auf, sie kann wieder hoffen,
ein „ich“ hat gerade ein „du“ getroffen.
Ein Herz, das vertraut, kennt die Liebe genau.
Man sagt, dass sie verdorben ist.
„Doch schau dich an, wie schön du bist!
Bist Jünger und Freundin und Frau.“

Sven Aasmundtveit

Die Frau im Haus des Simon bekam nie einen eigenen Namen in den Evangelien. So konnte man sich ihrer Gestalt bedienen und Maria Magdalena mit dieser Erzählung und mit anderen verschmelzen lassen. Aber warum wollte man diese verschiedenen Frauen herabsetzen und sie sozusagen in der Person von Maria Magdalena verschwinden lassen?

Ich habe den Verdacht, dass es etwas zu tun hat mit Macht, mit einer patriarchalischen Verleugnung der Tatsache, dass Maria Magdalena in der allerersten Zeit der Kirche zu den Aposteln gezählt wurde. Um diese

Tatsache leugnen zu können, suchte man nach einer Ursache, einer Erklärung, mit der man ihre Bedeutung abschwächen konnte. Und die fand man, indem man sie als schwache Person darstellte (als wenn es dadurch weniger schlimm wäre, dass Petrus seinen Herrn Jesus verleugnete, etwas, was Maria Magdalena niemals getan hat, nachdem sie eine Jüngerin geworden war). Anonymisieren, generalisieren – man weiß ja, wie Frauen sind! –, diese Frau zu einer einzigen erotischen Opfergestalt machen, von anderen den Namen vergessen, das sind verschiedene Strategien, um ihre Bedeutung zu schmälern.

Ich meine, dass gewisse Kräfte Maria von Magdala schon frühzeitig an den Rand der Kirche gedrängt haben. Das führte bald zu Protesten, ja, es gab bestimmte Gruppierungen, die diese ihrer Meinung nach falsche und ungerechte Degradierung von Maria Magdalena korrigieren wollten. Schon im dritten Jahrhundert wurde Maria Magdalena von den Gnostikern für ihre Zwecke benutzt. Die Gnostiker bildeten keine Organisation, sondern bestanden aus informellen Gruppen, die sich als Opposition zur christlichen Kirche ansahen und von griechischen und asiatischen Gedanken beeinflusst wurden. Es waren elitäre, esoterische Gruppen, die behaupteten, dass sie Zugang zu göttlichen Geheimnissen hätten, die unter der Oberfläche der einfachen Evangelientexte verborgen liegen. Die Gnostiker erhöhten Maria Magdalena fast zu einer Göttin. Sie galt als geistliche Prinzessin, als Verkörperung von Gottes Weisheit (Sophia), die schon immer existiert hat. Sie bezeichneten Maria Magdalena als „Braut Christi", auch sexuell, um ihren Glauben an die Einheit von Mann und Frau zu bekräftigen, an einen androgynen Menschen mit männlichen und weiblichen Merkmalen, den sie als Abbild eines androgynen Gottes ansahen.

Das apokryphe Philippusevangelium, im 20. Jahrhundert wieder entdeckt, wurde berühmt für seine Worte über Maria Magdalena: „Jesus liebte sie inniglich, und er küsste sie oft auf ..." (die letzten Worte in diesem Satz fehlen, und einige meinen, es könne „den Mund" heißen). Das hat vielleicht nichts mit den gnostischen sexuellen Anspielungen zu tun. Es kann sich um eine wahrheitsgetreue Schilderung handeln wie die von Johannes, dem Lieblingsjünger, der an die Brust Jesu gelehnt war – eine Beziehung, die in der damaligen Zeit und Kultur keine besondere Aufmerksamkeit erregte und nicht mit Erotik verknüpft wurde. Doch dieses Evangelium wurde später nicht zu den kanonischen, das heißt von der ganzen christlichen Kirche zur Bibel gerechneten heiligen Texten gezählt. Mit dem Wort „später" meine ich keine lange Zeit. Die vier Evangelien, die wir in unseren heutigen Bibeln haben, wurden schon sehr frühzeitig als die zuverlässigsten angesehen. Man erstrebte auch keine genaue Übereinstimmung, sondern sah es als gut an, dass es kleinere und größere Unterschiede zwischen ihnen gab, ungefähr so, als würden vier Reporter dasselbe Geschehen aus verschiedenen Blickwinkeln betrachten, aber in der Hauptsache übereinstimmen. Nun waren die apokryphen Evangelien noch sehr populär, als der Prozess der Kanonisierung bereits begonnen hatte, und

Teile von ihnen wurden auch als authentisch betrachtet. Wir, die wir soviel später leben, haben es manchmal schwer, diese Diskussion zu verstehen, die in den ersten Jahrhunderten noch sehr lebendig war – und den Kulturkampf, in dem sich die erste Kirche befand. Aus dem Philippusevangelium geht deutlich hervor, dass Maria von Magdala eine wichtige Gestalt in der Gruppe der ersten Jüngern war.

Auch dort erhalten wir keine völlige Klarheit darüber, welches Verhältnis sie zu Jesus hatte, aber es ist deutlich, dass sie ihm nahestand.

Später im Mittelalter gab es eine allgemeine Neugier darüber, warum manches in den Evangelien „verschwiegen" oder nur unvollständig geschildert wurde und was sich wohl dahinter verbarg. Es entstand das Bedürfnis, die „Lücken" in der Biografie von Maria Magdalena zu schließen und – irritiert durch die gnostischen Spekulationen – die eigene Version durchzusetzen. Berichte über heilige Männer und Frauen in Legendenform wurden eine populäre Gattung. Eine Geschichte nach der anderen über Maria Magdalena wurde fabriziert.

Eine davon sagt zum Beispiel, dass sie die Braut auf der Hochzeit von Kana war. Und ihr Bräutigam soll Johannes gewesen sein, der Jünger, den Jesus liebte. Als Johannes sie verließ, um Jesus zu folgen, wurde sie durch ihren Schmerz und ihre Trauer psychisch krank, erzählt die Legende. Später wurde sie von Jesus geheilt und entschloss sich, ihm jetzt auch zu folgen.

Eine andere Legende erzählt, dass sie die Mutter von Johannes war. Zu ihr also sagte Jesus, als er am

Kreuz starb: „Frau, sieh deinen Sohn (Johannes), Sohn, sieh deine Mutter." Etliche Erzählungen berichten davon, dass Maria Magdalena nach Frankreich reiste und dort missionierte – aber der wichtigste Teil der Traditionsbildung um sie herum war schon fest etabliert: Sie war eine Sünderin gewesen, eine Dirne, von Dämonen besessen, eine Frau, der vergeben wurde, weil sie Jesus liebte, und vor allem deshalb, weil ihre Reue so tief war. Sie wurde die Heilige der Büßer und Beschützerin der ehemaligen Prostituierten in vielen Orten Europas.

Die Tatsache, dass sie „nur" krank gewesen war, dass sie eine gut situierte Frau war, die Jesus unterstützen konnte, und dass sie alle Kennzeichen eines Apostels auf sich vereinigte, wurde in den Hintergrund gedrängt und unbeachtet gelassen. Und aus einer Reihe von Erzählungen über verschiedene Frauen, die Jesus trafen, bildete sich so langsam eine einzige dominierende, symbolische Gestalt heraus.

Wie kam es dazu, dass verschiedene Berichte über hingebungsvolle Frauen in der Bibel zu einer Gestalt verschmolzen sind? Wenn wir darüber sprechen, vergessen wir leicht, dass die Bibel ein verwobenes Buch ist. Es ist ein Netzwerk, wie ein Fischernetz oder ein Stoff, der dicht gewebt ist aus völlig unterschiedlichen Informationen, ein „Hypertext" mit vielen Ein- und Ausgängen, der in einem jahrhundertelangen Prozess entstanden ist, sowohl mündlich als auch schriftlich. Unter der Oberfläche all dieser Berichte über Frauen und leidenschaftliche Liebe in den Evangelien war das Hohelied zu hören, das Lied der Lieder, Salomos

Liebesepos. Wer das Hohelied zur Zeit der ersten Kirche las oder hörte und mit der Bibel vertraut war, der spürte, wie aktuell und lebendig es war.

Das Hohelied finden wir im ersten Teil der Bibel, den die Christen „Altes Testament" nennen. Darin waren die gemeinsamen heiligen Schriften in der Urkirche überliefert. Und die Hauptperson im Hohelied ist „die liebende Frau". Ihre Gestalt zeigt das Grundmuster einer Frau, die liebt. Sie ist damals das Vorbild für alle, sowohl im wirklichen Leben als auch in den Texten. Alle kennen sie gut, ob es ihnen bewusst ist oder nicht, und sie ist die Quelle für alle anderen Schilderungen von hingebungsvollen Frauen in diesem Zusammenhang.

Wenn man das erkennt, sieht man auch die auffallende Parallele in den Geschichten von der Frau im Haus des Simon, von Maria in Betanien und von Maria Magdalena, die in der Morgendämmerung zum Grab kommt, mit Myrrhe und Aloe, Kräutern und wohlriechendem Öl – Zeichen sowohl für leidenschaftliche Liebe und tiefe Trauer bei dem Begräbnis eines geliebten Menschen.

Wenn wir Maria Magdalena am Grab sehen, dann sehen wir eine Frau, die liebt. Ein Beispiel für tiefe und treue Hingabe. Das war das Bild, das sich die erste Kirche von Maria von Magdala machte. Damals sah man nicht ihre angeblichen Sünden und die tiefe Reue, sondern ihre Liebe. Sie war das Vorbild für ein Herz, das sich voll und ganz dem Herrn zuwendet – nicht nur ein Vorbild für Frauen, sondern auch für alle Männer in der Kirche; die Seele hat kein Geschlecht. Sie wird, genau wie die Kirche, als „Braut Christi" bezeichnet. Und damit überschreitet Maria Magdalena die Grenzen zwischen den Geschlechtern. Frühe Berichte der Wüstenväter im 3. und 4. Jahrhundert unterstreichen das: Die Tatsache, dass auch Frauen in die Wüste zogen, weil sie sich für ein Einsiedlerleben entschieden und Wüstenmütter wurden, so wie „Amma Theodora“ und „Amma Sarrha“, zeigt, dass Maria Magdalenas Beispiel das Leben der Menschen dadurch veränderte, dass sie auf die Frau im Hohelied hinwies.

In jüngster Zeit sind etliche Bücher erschienen, die die gnostischen Gedanken von Maria von Magdala als der Frau, mit der Jesus verheiratet war und mit der er eine sexuelle Beziehung hatte, übernommen haben. So wird in einem Roman geschildert, dass es durch Maria Magdalena heimliche Verwandte von Jesus gab – Kinder und Enkel in gerade absteigender Linie, in einem Geschlecht, das es heute noch in Europa gibt (die königliche Familie der Merowinger). Der Roman zeigt die Tragödie, wie in den europäischen theologischen Traditionen Körper und Seele zersplittert und getrennt wurden, in weiblich und männlich, paradoxerweise wohl oft unter dem Einfluss genau der griechischen Gedanken, die die Kirche bekämpfte. Dabei sind es selbstverständlich nicht die Sexualität oder das Weibliche, die den christlichen Glauben entscheidend bedrohen – auch wenn dieses Missverständnis sowohl innerhalb als auch außerhalb der Kirche besteht. Es ist höchste Zeit, dass die Verdrängung der Frauen und des Leiblichen in der Kirche aufgearbeitet wird.

Wenn jemand biologisch mit Jesus verwandt wäre, würde er nicht besser sein als andere. Er würde über keine Eigenschaften oder Qualitäten verfügen, die ihn von anderen unterscheiden würden. Allein der Gedanke daran hieße, der Botschaft Jesu den Sinn zu stehlen.

Was ist das für eine Liebe, die Jesus zeigt und von der er redet? Sie geht weit darüber hinaus, den Menschen nur Selbstbestätigung zu geben. Es ist eine Liebe zu Fremden, ja, zu Feinden. Diese Liebe ist bereit, das eigene Leben zu geben für die Kleinsten, die unbedeutend oder vergessen sind. Diese Liebe schafft eine völlig neue Zugehörigkeit, die nichts zu tun hat mit Blutsverwandtschaft. Der Gedanke, dass es in Gottes Reich eine Elite gäbe, die ihre Mitgliedschaft genetisch und biologisch geerbt hat, erinnert an ein Elitedenken, das uns noch wohlbekannt und bei dem uns zugleich äußerst unbehaglich ist. So zu denken, ist dem Evangelium Jesu zutiefst fremd.

Aus der Zeit der Wüstenväter im dritten Jahrhundert stammt die Erzählung von Pelagia, einer Schönheit, die an einer Gruppe von Bischöfen vorbeiritt, die sich im Freien versammelt hatten. Sie war bis auf ihr langes Haar und ihren Schmuck nackt. Nur einer der Bischöfe wagte es, sie mit offenen Augen zu betrachten. Das war Nonnus, ein Wüstenbischof, der wahrscheinlich schon „Schlimmeres" in seinem Leben erlebt hatte als einer nackten Frau mit Blicken zu folgen.

Er wandte sich seinen Amtsbrüdern zu und stieß hervor: „Habt ihr sie gesehen? Das war die schönste Frau, die ich jemals gesehen habe!"

In der folgenden Nacht begann er zu weinen. Warum? Er sah, dass die Hingabe der Bischöfe sich auf keine Weise mit der von Pelagia messen konnte. „Stunde um Stunde bereitet sie sich darauf vor, ihren Liebhaber zu treffen, und was tun wir für unseren himmlischen

Liebhaber?“, fragte er die Bischöfe am nächsten Tag. Pelagias Leidenschaft war für ihn keine Bedrohung, sondern ein Vorbild.

Die Freiheit, die Nonnus hatte, haben wir längst verloren. Was geschieht mit der Kirche und der Kultur, die den Wohlgeruch inniglicher Liebe unterdrücken, die das Zeugnis und die Anwesenheit hingebungsvoller Frauen ablehnen und sie entweder als verführerische Kraft oder als antiintellektuelle Bedrohung verdächtigen? Maria von Magdalas Auftrag war nicht in erster Linie, Buße zu tun, sondern die Neuheit der Auferstehung zu vermitteln. Unser größtes Defizit ist ein Mangel an Hingabe. Wir stehen vor einer offenen Wunde in der westlichen Zivilisation, wenn wir sehen, wie die Erzählung von Maria Magdalena verwandelt wurde und manchmal immer noch missbraucht wird. Eine Wunde, die Männer und Frauen trennt, Verstand von Gefühl, die Seele vom Körper.

Myrrhe und eine Flasche wohlriechendes Öl liegen neben uns. Wären wir doch mutig genug, die Flasche zu öffnen, ohne uns dafür zu entschuldigen – auf dass diese Wunde endlich heilen kann!

Die kanaanäische Frau

Verzweiflung als Waffe

Eine kanaanäische Frau aus dieser Gegend
kam zu ihm und rief:
„Herr, Sohn Davids, erbarm dich über mich!
Meine Tochter wird von einem Dämon gequält."
Er gab ihr keine Antwort.
Da gingen seine Jünger zu ihm und baten ihn:
„Sag ihr, dass sie verschwinden soll,
sie geht hinter uns her und ruft."

Matthäus 15,22–23

Hagar hat ihren Brunnen. Rebekka hat ihre Träneneiche. Hanna hat ihre Mäntel und Maria Magdalena ihre Flasche mit wohlriechendem Öl. Aber die Frau, der wir in dieser Erzählung begegnen, hat nichts. Absolut nichts.

Außer ihrer Verzweiflung.

Sie kämpft um das Leben ihrer Tochter. Böse Mächte haben Gewalt über ihre Tochter und haben sie von einem jungen Mädchen in ein verängstigtes, gequältes Wesen verwandelt, in eine Person, die nicht mehr mit anderen Menschen zusammenleben kann. Sie fügt sich selbst Verletzungen zu und ist gefährlich für ihre Umwelt. Um zu verstehen, worum es hier geht, können wir uns vielleicht den Schmerz der Eltern vorstellen, deren Kinder von tödlichen, zerstörerischen Drogen abhängig werden oder in die Fänge einer Selbstmordsekte geraten.

Sie kämpft um ihre Tochter. Und wenn eine Frau um ihr Kind kämpft, wird sie rücksichtslos.

Sie ist eine kanaanäische Frau. Das bedeutet, dass sie von einem fremden Volk kommt. Ihre Religion wird verachtet und ist in Israel praktisch verboten. Ihr Volk gilt als minderwertig und zeitweise sogar als Feind Israels. Natürlich hat diese Frau auch keine theologische Ausbildung, schließlich ist sie eine Frau. Allein dadurch, dass sie eine Frau ist, fehlt ihr jede Bedeutung im Verhältnis zu einem Mann aus Israel, besonders dann, wenn er ein Rabbi oder Schriftgelehrter ist. In dieser Erzählung hat sie nicht einmal einen Namen.

Vermutlich lebt sie auch in ihrer Welt völlig isoliert, weil sie wegen ihrer Situation von ihrem Volk verstoßen wurde. Möglicherweise hat das Trauma ihrer Tochter auch sie selbst verändert. Sie wird als unrein bezeichnet, weil ihre Tochter von einem Dämon besessen ist. Wenn jemand die Mutter berührt oder sogar mit ihr spricht, kann er selbst unrein werden. Die Isolierung der Frau kann anstecken. Sie ist eine Gefahr für alle, und für Israeliten ganz besonders.

Als würde sie aus dem Nichts auftauchen, erscheint sie plötzlich in dieser Erzählung. Jesus und seine Jünger wandern durch einige Dörfer, die sich an der Grenze ihres eigenen Landes befinden. Hier ist Niemandsland, ganz am Rand, wo sich kaum anständige, ordentliche Einwohner niederlassen.

Die Frau folgt Jesus und seinen Jüngern. Ihre Stimme ist heiser und laut, als sie schreit: „Meine Tochter wird gequält! Komm und hilf ihr!" In einem der Evangelien erfahren wir, dass sie unerwartet in das Haus kommt, in dem sich Jesus gerade mit seinen Jüngern aufhält. Sie kommt, obwohl Jesus deutlich gesagt hat, dass sie allein bleiben wollen. Niemand soll erfahren, dass er dort ist. Es muss die Frau eine Menge Mut und Willensstärke gekostet haben, trotzdem in die Nähe Jesu zu kommen. Aber eine Frau, die um ihr Kind kämpft, wird rücksichtslos.

Wenn ich die Erzählung weiterlese, bekomme ich das unbehagliche Gefühl, dass da etwas nicht stimmt. Nein, es geht mir nicht um die Frau, sondern um Jesus. Ich erwarte, dass er sich ihr jetzt zuwendet und dass er ihr hilft. Aber er widmet ihr keinen einzigen Blick.

Er geht nur seinen Weg. In diesem Punkt ist die Erzählung sehr deutlich: Er antwortet ihr nicht, nicht mit einem Wort.

Als er mit dieser Frau konfrontiert wird, zeigt Jesus keine der Seiten, die wir normalerweise von ihm erwarten. Er ist nicht freundlich. Er weigert sich zuzuhören. Er verweigert jedes Zeichen bedingungsloser Liebe. Er kümmert sich nicht darum, dass es um ein Kind geht, das unter schlimmen Schmerzen leidet. Jesus begegnet uns plötzlich als ein Fremder: Er ist so viel dunkler, so sehr „religiös", so fremd-orientalisch, wie wir ihn uns nie vorgestellt haben. Das ist so, als würde der schöne Perserteppich in meinem Wohnzimmer plötzlich nach Kamel riechen. Kennt Jesus nicht das Gottesdienstlied, in dem es heißt: „Seht, unser Gott lädt alle ein, keiner soll verloren sein"? War er es nicht, der gesagt hat: „Lasst die Kinder zu mir kommen"? Ist Jesus kein Humanist? Ist er kein Christ?

Nein, das ist er nicht. Er ist Jude. Aber wir hatten zweitausend Jahre lang Zeit, um das zu vergessen. Und jetzt sind wir schockiert über seine erste, widerwillige Antwort (nachdem die Jünger ihn gebeten haben, ihr mit einigen Worten klar zu machen, dass sie zu schweigen habe und ihnen nicht weiter nachlaufen solle): „Ich bin zu niemand anderem gesandt worden als zu den verlorenen Schafen des Volkes Israel."

Diese Antwort hat später zu einer Unzahl von Verteidigungsargumenten geführt. Neutestamentliche Exegeten haben immer wieder die Verstimmung gespürt, die so genannte zivilisierte Christen empfinden, wenn sie auf diese Erzählung stoßen. Also versuchen sie, die Dinge zum Besten zu kehren. Die häufigste Erklärung dieses Textes lautet: Jesus muss schließlich Gottes großem Plan folgen. Dieser lief darauf hinaus, zuerst und vor allem die Juden zu erlösen. Sie wurden dazu aus allen Völkern ausgewählt. Später dann sollten die Juden selbst die Botschaft von der Erlösung verkünden und unter allen Völkern verbreiten.

Jesus weiß, so erläutern sie weiter, dass seine Zeit auf der Erde kurz ist. Deshalb muss er das Wichtigste zuerst tun. Und dazu gehört es nicht, Menschen aus einem anderen Volk zu helfen. Also weist er diese Frau ab. Er handelt völlig korrekt. Aber weil die Frau demütig genug ist, um ihm die Marschordnung zu überlassen, gestattet er schließlich eine Ausnahme von der Regel und belohnt sie für ihre Einsicht in Gottes wahren Erlösungsplan.

Ich für mein Teil befürchte, dass all diese Versuche, Jesus zu „rechtfertigen“, ihr Ziel verfehlen. Die Ursache, dass dieser umstrittene Text seinen Platz im Kanon behielt (also in den Schriften, die als heilig, echt und für die Kirche wichtig galten), ist vielleicht der, dass er der jungen Kirche einen Grund gab, den Schritt über kulturelle und religiöse Grenzen zu wagen und die Botschaft auch unter den Heiden zu verbreiten.

Außerdem glaube ich nicht, dass diese Erzählung ihren Fokus in Jesus hatte und darin, wie er Gottes Erlösungsplan auffasste. Ich glaube, dass diese Frau einen eigenen Eindruck hinterließ, und der war so stark und erschütternd, dass er für sich selbst stehen konnte. Es war unmöglich, sie zu übergehen und zu vergessen. Und die Form, in der dieses Ereignis wiedergegeben wird, macht wirklich Hoffnung. Wer etwas näher schaut, stellt fest, dass es sich bei diesem Gespräch um eine *Verhandlung* handelt. Die Frau verhandelt, um das

Leben ihrer Tochter zu retten. Jesus ist ihr Gegner in der Verhandlung.

Es gibt eine Menge Verhandlungen, von denen in der Bibel erzählt wird. Die Israeliten entstammen einer orientalischen Kultur, in der alte Handelstraditionen lebendig waren. Zu verhandeln ist eine Weise, Beziehungen herzustellen und aufrechtzuerhalten. Darum begibt sich Abraham in eine harte Verhandlung mit Gott, als es um die Zukunft der beiden Städte Sodom und Gomorra geht. Gott will beide Städte mit allen Einwohnern zerstören, weil er ihre Grausamkeiten und Übergriffe nicht länger ertragen will. Da tritt Abraham vor und fragt: „Ist es wirklich möglich, dass du, Herr, gerechter und treuer Gott, die Unschuldigen zusammen mit den Schuldigen umbringen willst? Was würde geschehen, wenn es fünfzig gerechte Männer in der Stadt geben würde? Würdest du die Stadt in dem Fall verschonen?"

Gott antwortet tatsächlich auf diesen verwegenen Vorstoß. Und Abraham treibt die Verhandlung weiter. Er bittet Gott, die Stadt zu verschonen, sollte es auch nur dreißig gerechte Männer geben. Und Abraham hat Erfolg mit der Verhandlung. Es gelingt ihm, die Zahl möglicher guter Männer auf zehn zu drücken. Nur zehn! Das ist wirklich eine gelungene Verhandlungsrunde!

Aber in der jüdischen Tradition heißt es, dass Abrahams Glaube nicht groß genug war. Wenn er es gewagt hätte, noch weiter zu gehen, hätte er es vielleicht erreicht, Gott um Rettung der beiden Städte zu bitten, selbst wenn sich dort kein gerechter Mann gefunden hätte. Dieser Gedanke ist ein Zeichen des Vertrauens darauf, dass es immer möglich ist, mit Gott zu sprechen und sein Herz zu berühren.

Eine ähnliche Verhandlung finden wir in den Evangelien. Einer der Jünger, er hieß Thomas, zweifelte daran, dass Jesus wirklich auferstanden war. So stellte er seine Bedingungen, um glauben zu können: „Wenn ich ihn mit eigenen Augen sehe und seine Wunden berühre, dann kann ich glauben.“ Thomas will die Wirklichkeit „erfassen“, und er bekommt, was er will.

Diskussionen dieser Art können wir nachlesen. Es finden sich scharfe, dialektische Gespräche zwischen jüdischen Männern mit qualifizierter theologischer Kenntnis, den Rabbinen oder Schriftgelehrten. Viele dieser Gespräche wurden aufgezeichnet oder mündlich vermittelt – verbale Duelle, bei denen es Funken schlägt, wenn starker Wille und scharfsinniges Bewusstsein aufeinandertreffen. Diese rabbinischen Dialoge finden wir auch in Auseinandersetzungen zwischen Jesus und den Schriftgelehrten, und oft handeln sie davon, wie man Gottes Gesetz und Willen auslegen soll. Aber es findet sich kein solcher Dialog zwischen einem Rabbi und einer Frau. So etwas war undenkbar.

Ein Streit zwischen zwei so ungleichen Gegnern würde ganz und gar gegen die Regeln verstoßen. Und genau dieser Punkt ist deshalb so erstaunlich in der Erzählung von der kanaanäischen Frau.

Als sie keine Antwort von Jesus erhält, gibt sie nicht auf. Sie führt sich auf, als wäre sie ein Mann – und noch dazu ein jüdischer Mann, ein Rabbi, ein Ebenbürtiger. Schließlich wird die Angelegenheit in den Augen der Jünger so peinlich, dass sie den Meister bitten etwas zu sagen, um sie loszuwerden. Da sagt er zu ihr (und ich glaube, er wendet sich ihr nicht einmal zu): „Gott hat mich nur zu den verlorenen Schafen des Volkes Israel gesandt."

Ob sie das zum Schweigen bringt? Die Antwort ist Nein. Ich stelle mir vor, dass sie an der Gruppe der Jünger vorbeiläuft, bis sie direkt vor Jesus steht. Da wiederholt sie, ruhig aber bestimmt: „Meine Tochter ist in Gefahr. Hilf ihr!"

Jesus antwortet (und die Spannung steigt): „Es ist nicht recht, den Kindern das Brot wegzunehmen und es den Hunden zu geben."

Er nennt sie „Hund", sie und ihre Tochter. Das ist noch schlimmer als das, was er vorher gesagt hat. Aber sie beginnt nicht zu weinen. Sie wird nicht rasend und geht nicht zum Angriff über. Ich denke mir, dass sie ihm nur in seine grünen Augen blickt, und ihr Lächeln ist das einer Frau, die geschickt verhandeln kann, intelligent und humorvoll.

„Das ist richtig", sagt sie. „Aber denk nach – ich will ja nicht die ganze Mahlzeit. Man gibt doch den Hunden die Krümel, die während der Mahlzeit vom Tisch fallen. Mehr brauche ich nicht. Und das wirst du mir doch wohl geben können?"

Vielleicht war das der Augenblick, in dem sie plötzlich einen kurzen Schimmer der Anerkennung in seinem finsteren Blick spüren konnte. Er sieht sie an. Und er sagt: „Wegen deiner Worte sage ich dir, deine Tochter ist gesund." Eines der anderen Evangelien gibt die Antwort so wieder: „Frau, dein Glaube ist groß. Du bekommst, was du erbittest."

Sie hat geschickt verhandelt. Sie hat nichts anderes mitgebracht als ihre Verzweiflung – und ihre Worte. Sie verfolgt nicht rücksichtslos ihre eigene Sache, sondern sie kämpft für jemand anderen. Und darum kann sie ihren ganzen intellektuellen und gefühlsmäßigen Erfindungsreichtum anwenden, ohne eine Sekunde zu zögern. Sie akzeptiert ohne Murren das Hauptargument ihres Gegenübers und macht es zu ihrem eigenen, um es dann gegen ihn zu wenden. Ihre Antwort zeigt, dass sie eine Meisterin in der Kunst des Formulierens ist.

Und Jesus behandelt sie, als wäre sie „rein", als wäre sie ein Mann, ein Jude, ein Akademiker – mit anderen Worten, als wäre sie ein ebenbürtiger Gegner. Und als wäre das noch nicht genug: Sie gewinnt die Verhandlungsrunde. Sie bringt ihn dazu umzudenken.

Es ist möglich, ihn zum Umdenken zu bringen.

Eines der Gleichnisse Jesu unterstreicht diese Tatsache: die Erzählung von der klagenden Witwe. Die kommt zu einem Richter und fordert ihr Recht. Er jedoch will ihr nicht helfen, denn er hält ihren Fall nicht für wichtig genug, und er ist ein harter Richter. Aber sie gibt nicht auf und liegt ihm in den Ohren mit ihren Wünschen. Da gibt er schließlich nach und hilft ihr, weil sie ihm zur Last fällt. Das ist seine Art, sie loszuwerden. Jesus beendet das Gleichnis mit den Worten: „So sollt ihr beten. Gebt nicht gleich nach dem ersten Versuch auf!"

Wenn Jesus uns in einem Teil der Erzählungen, die in den Evangelien überliefert sind, fremdartig und unverständlich erscheint, wenn er nicht unseren Erwartungen entspricht, kann das vielleicht darauf beruhen, dass wir etwas nicht verstehen:

Erstens, er ist wirklich ein Jude und wirklich ein Mann. Die Menschwerdung Gottes ist nicht gespielt.

Zweitens, Gott hat keine Angst vor unserer Stärke.

Wenn ich versucht bin aufzugeben, wenn ich mich als Opfer und Jesus als Fremden sehe, dann werde ich zu dieser Erzählung zurückkehren und noch einmal auf diese Frau hören. Und dann werde ich Jesus mit meiner Verzweiflung und meinem Kampf für andere verfolgen. Und ich werde ihn nicht loslassen, bevor ich das Argument gefunden habe, das ihn zum Umdenken bringt. „Frau, dein Glaube ist groß. Du bekommst, was du erbittest."

Marta und Maria

Gefährliche Liebe

Marta dachte an alles, was sie zu erledigen hatte.
Sie kam zu Jesus, stellte sich vor ihn und sagte:
„Herr, kümmert es dich nicht, dass meine Schwester
mich die ganze Arbeit allein machen lässt?
Sag ihr doch, dass sie mir helfen soll.“

Lukas 10,40

Kleine Orte und Plätze, die am Rand oder in der Nähe eines Machtzentrums liegen, haben oft einen besonderen Reiz. Sie halten den Traum vom einfachen Leben lebendig, von einem normalen Alltag, wo das Leben seinen gewohnten Gang geht, unabhängig von der Hektik und dem Konkurrenzdruck in der Metropole. Die Erzählung von Marta und Maria spielt in so einem Ort, im kleinen Dorf Betanien.

Betanien lag genau so weit von Jerusalem entfernt, wie man am Sabbat gehen konnte. Man konnte also dies und jenes in der großen Stadt erledigen, einige hektische und fieberhafte Stunden lang, wenn sich alle auf den kommenden Feiertag vorbereiteten, und anschließend noch in Ruhe nach Betanien heimkehren, selbst wenn man zu spät dran war und der Sabbat schon begonnen hatte.

Irgendwo in unseren tief verwurzelten Träumen von einer Zuflucht, von einem Ort, wo wir aufatmen und wir selber sein können, gibt es den Traum von Betanien. Wer in Betanien wohnt, hat all die Vorteile der großen Stadt in Reichweite, ohne ganz und gar von ihr verschlungen zu werden. Der Kontrast zwischen der nahe gelegenen Großstadt und dem kleinen Dorf macht das Bewusstsein von Natur, Stille und Normalität um vieles größer, als wenn Betanien ein verschlafenes kleines Dorf am Ende der Welt gewesen wäre. Vogelgezwitscher, blühende Kräuter im Küchengarten – wie entzückend und idyllisch! Besonders dann, wenn man fast den entfernten Lärm der Hauptstadt Jerusalem hören kann und eine Ahnung von deren imponierenden Gebäuden hat.

Marta und Maria sind Schwestern. Sie wohnen in Betanien zusammen mit ihrem Bruder Lazarus. Drei Geschwister, die aus irgendeinem Grund nicht verheiratet sind. Es hat sich wohl nicht ergeben. Sowohl in der Literatur als auch im wirklichen Leben gibt es viele Beispiele von Geschwistern, die Seite an Seite in einem Haushalt zusammenleben – oft gerade auf dem Lande. Treue gegenüber den Eltern oder einer Erbschaft, Garten, Haus, es gibt schnell einen Grund zu bleiben, statt eine eigene Familie zu gründen und damit die anderen zu zwingen, den Wegziehenden auszuzahlen, und Grund für Streit und Konflikte zu bieten. Und wenn gar das Geld knapp ist, ist das Zusammenbleiben möglicherweise die einzige Option.

Wenn Geschwister in einem gemeinsamen Haushalt zusammenleben, kann mit der Zeit ein bitteres Knäuel muffiger Beziehungen entstehen, wo einer den anderen fast zu Tode quält (und die Geschwister gerade deshalb noch enger zusammengebunden werden). Ihr Leben kann aber genauso gut durch Ruhe, Zusammenhalt und Vertrautheit geprägt sein.

In der Erzählung erfahren wir, dass Jesus die Geschwister oft und gern in Betanien besuchte. Das deutet an, dass sie ein Haus führten, das offen für Gäste war, und Freundschaft pflegten und schätzten. Im Laufe der Zeit gehörten Marta, Maria und Lazarus vermutlich zu den wenigen Freunden, die Jesus hatte: selbständige Menschen, die gern mit ihm zusammen waren, ohne jedoch ihr Heim zu verlassen und ihn auf seinen Wanderungen durch das Land zu begleiten. Der Alltag war groß genug für sie. Gemeinsam gingen sie ihren unterschiedlichen Beschäftigungen nach. Die einzige Hierarchie, die es möglicherweise unter ihnen gab, hatte mit dem Alter zu tun. Doch Altersunterschiede pflegen mehr und mehr zu verblassen, wenn die Kindheit vergangen ist.

Als Jesus sie dieses Mal besucht, haben sich dunkle Schatten über ihre Freundschaft gelegt. Er wird überwacht, mehr oder minder offen. Das Zentrum der Macht ist beunruhigt. Es laufen Gespräche über diesen Mann aus Galiläa mit dem bäuerlichen Dialekt und seiner merkwürdigen Redekunst, heimliche Gespräche in den Hinterzimmern der Herrschenden. Er ist für viele eine große Herausforderung, weil durch ihn die politischen, wirtschaftlichen und religiösen Strukturen infrage gestellt werden. Und einer der Gründe dafür, dass das Misstrauen gegen ihn wächst, ist im Haus der Geschwister in Betanien zu finden:

Lazarus, so wird behauptet, war vier Tage lang tot, bevor er von Jesus wieder zum Leben erweckt wurde. Das Gerücht geht wie ein zischendes Geflüster von Mund zu Mund: Lazarus starb viel zu früh an einer Krankheit. Er wurde von den Schwestern und Nachbarn betrauert und beweint, wie das üblich ist. Er wurde gesalbt, in Leinentücher gewickelt und begraben, während seine Schwestern beteten und Klagelieder sangen.

Aber sie hatten bereits vor Tagen eine Botschaft zu Jesus geschickt. Eigenartigerweise hatte er es mit seinem Kommen nicht besonders eilig. So kam er zu spät. Lazarus war bereits tot. Als Jesus das erfuhr, war er äußerst erregt und traurig, so will es das Gerücht wissen. Er verlangte, das Grab zu sehen, um Lazarus ins

Leben zurückzurufen. Marta und Maria protestierten: Das schickt sich nicht! Er ist schon vier Tage tot, und der Leichnam riecht bereits!

Und jetzt geht Lazarus im Haus umher und ist hier und da auf den Straßen des Dorfes zu sehen, als wäre nichts geschehen. Ja, er scheint bei vollem Verstand zu sein. Die Geschwister und die Dorfbewohner behaupten, dass er wirklich tot war und dass Jesus ihn auferweckt hat. Ein Messiaszeichen – oder ein Bluff? Ein Signal zum Aufruhr oder eine schreckliche, religiöse oder sogar gotteslästerliche Verführung? Der Mann aus Galiläa ist dieses Mal zu weit gegangen. Womöglich rotten sich die Menschen um ihn herum zusammen! Das wäre eine schwere Bedrohung der Stabilität in diesem besetzten Land. Man muss ihn aufhalten. Die Pläne dafür haben schon Form angenommen.

Ein kalter Wind weht durch die Idylle.

Die Aufmerksamkeit, die Jesus erregt, wird größer – im Positiven wie im Negativen. Bei seinem Besuch in Betanien kommen viele Neugierige und drängen sich vor dem Haus. Er geht mit seinen Jüngern hinein, und draußen wird das Gedränge immer größer.

Marta ist gestresst. Sie will eine gute Gastgeberin sein, und plötzlich wachsen ihr die Anforderungen über den Kopf. Es gibt guten Grund anzunehmen, dass sie die ältere der beiden Schwestern ist, vielleicht die älteste der Geschwister überhaupt. Sie ist es gewohnt, die Verantwortung zu tragen. Und seit der Erkrankung von Lazarus – auch wenn er wieder dabei ist – sieht es so aus, als würde sie sich mit der Verantwortung für ihr Heim noch einsamer fühlen.

Maria setzt sich lieber hin und hört Jesus zu, statt ihr im Haushalt zur Hand zu gehen. Martas Irritation ist geweckt.

An einem Feiertag verbrachte ich einige Stunden mit Freunden vom Theater. Wir lasen gemeinsam in der Bibel. Jemand schlug vor, einen Bibeltext zu spielen, um ihn dadurch besser und tiefer zu verstehen. Die Wahl traf eben diese Erzählung von Marta und Maria, und wir verteilten die Rollen unter uns.

Die Frau, die sich für Marta entschied, berührte mich mit ihrer Interpretation tief. Als ihr Auftritt begann, sah sie wirklich verzweifelt aus.

„Mein ganzes Leben lang war ich stark, reif und verantwortungsbewusst", sagte sie. „Ich kann mich nicht erinnern, irgendwann wirklich ein Kind gewesen zu sein. Das Leben forderte von mir, viel zu früh erwachsen zu werden. Jetzt glaube ich manchmal, dass ich nicht mehr kann! So ging es Maria auch. Sie war immer rastlos, innerlich getrieben. Sie war ichbezogen, unreif – aber wenn ich sie um etwas gebeten habe, dann hat sie es getan. Doch jetzt liest sie, sie denkt nach, sie führt lange Gespräche mit Jesus. Es scheint, dass sie versucht, sich selbst zu finden. Doch warum muss sie mich mit der ganzen Verantwortung allein lassen? Ich würde auch so gern loslassen können und einen neuen Weg gehen. Wenn ich doch nur einmal die Person sein dürfte, die selbst etwas braucht, die etwas empfängt, statt immer nur zu geben!"

Ich kann mich genau erinnern, wie bei diesen Worten Marta für mich in einem anderen Licht erschien. Sie war nicht nur gestresst und irritiert. Sie hatte wirklich eine schwere Last zu tragen, wie das viele Frauen tun. Es ist die Last, erwachsen und verantwortlich zu sein und immer das Richtige zu tun.

Viele wohlmeinende Deutungen dieser Erzählung zeichnen Marta als urwüchsig, praktisch und extrovertiert, während Maria als kontemplativ und introvertiert gesehen wird. Es handelt sich danach um zwei völlig verschiedene Persönlichkeiten. Und dann folgt meistens die Folgerung: Beide „Sorten" werden gebraucht. Aber wird das diesem Text gerecht?

Ich glaube es nicht. Zuerst einmal glaube ich, dass wir viel zu schnell das Raster unserer heutigen Zeit an den Text legen. Wir leben in einer Kultur, in der vor allem Aktivität und Effektivität ausgezeichnet werden und darum eine heimliche Sympathie für Marta besteht. Träumereien und religiöse Passivität sind nichts für vernünftige Menschen. So denken wir und bemerken dadurch gar nicht die Radikalität dieser Konfrontation.

Zuerst einmal kann Martas Irritation daher rühren, dass Maria etwas tut, was in ihrer Zeit für jede Frau undenkbar ist. Eine Frau setzt sich nicht hin und redet mit Männern. Sie hört auch nicht aufmerksam zu, wenn ein Rabbiner etwas sagt. Sie hat sich im Hintergrund zu halten und das zu tun, was Marta tut: dafür sorgen, dass rechtzeitig das Essen auf den Tisch kommt. Sie stellt keine theologischen Fragen und führt keine Gespräche darüber.

Maria spielt nicht etwa eine passive weibliche Rolle im Kontrast zu einer aktiven weiblichen Rolle. Sie entscheidet sich für eine männliche Haltung. Dass Jesus ihr dieses nicht vorwirft, ärgert Marta.

Außerdem ist dieser Besuch nicht nur einer von vielen freundschaftlichen Treffen. Es beginnt zu brennen. Es ist Marta bestimmt deutlich, dass die Führer des Landes ein immer wachsameres Auge auf den Haushalt in Betanien werfen: Vielleicht ist es ein Terroristennest? Sie hat Angst, dass Maria oder jemand anders die Aufmerksamkeit auf sich zieht. Und zusätzlich lastet auf ihr, wie schon gesagt, die ganze praktische Arbeit. Den Gedanken, dass es sich um das letzte Treffen mit Jesus handeln könnte, versucht sie wegzuschieben. Sie macht sich Sorgen um so vieles. So als könnte Martas Furcht etwas noch viel Schlimmeres heraufbeschwören, sieht sie plötzlich, wie ihre Schwester ein Fläschchen kostbares, parfümiertes Nardenöl hervorholt – das Haushaltsgeld für viele Wochen, die vor ihnen liegen! Oder vielleicht handelt es sich um das kostbare Brautöl, für das sie seit Jahren spart und das sie Tropfen für Tropfen von Händlern aus Asien gekauft hat, Öl für den Fall, dass sie doch noch einmal heiraten sollte. Und sie bricht den dünnen Hals der Glasflasche ab, gießt das Luxusöl aus und salbt Jesu Füße damit ein. Und jeder, ob er will oder nicht, muss bemerken, was ihr wichtig ist. Das ganze Haus wird von dem drückenden Wohlgeruch erfüllt.

In dieser Lage scheint die Bestürzung der Anwesenden nicht ganz unberechtigt zu sein. Ich stelle fest, dass auch ich mich mit einigen der gestellten Fragen identifiziere: Musste diese Verschwendung wirklich sein? Hätte das Geld nicht besser für die Armen verwendet werden können?

Maria tut das Unerwartete, das Unvorhersehbare. Und ich glaube, es ist schwer zu verstehen, was sie da tat. Aber wenn ich mir Zeit nehme zu betrachten, wie Jesus ihr begegnet, dann muss ich wohl mein eigenes Bild revidieren. „Maria hat das gute Teil erwählt“, sagt er. Für ihn ist ihre Handlung bewusst und nicht blind oder rührselig. Er erkennt ihren Mut an und stellt ihn der Heuchelei der anderen gegenüber: Was haben diese bisher für die Armen getan, denen sie doch zu jeder Zeit begegnen? Dies dagegen ist eine einmalige Gelegenheit, und Jesus unterstreicht Marias Erkenntnis: „Mich habt ihr nicht zu jeder Zeit ...“

Und denen, die sich durch die Verschwendung der Liebe provoziert fühlen, stellt die Schöpfung selbst etliche Gegenfragen: Was ist mit all den Hunderttausenden von Zugvögeln, die in jedem Frühjahr quer durch Europa fliegen? Was ist mit den Millionen von Spermien, die niemals die Eizelle erreichen? Was ist mit den Millionen von Blättern, die jeden Sommer durch Fotosynthese entstehen, um wenige Monate später auf den Boden zu fallen? Was ist mit all den Schneeflocken, die im Winter vom Himmel fallen, um später zu schmelzen und im Frühjahrshochwasser weggeschwemmt zu werden? Das ist dieselbe geheimnisvolle Verschwendung, die uns begegnet in dem, der von sich sagt „Ich bin“. Das ist der unnütze Überfluss des Lebens.

Zugleich erkennt Jesus in Marias Tat die prophetische Genauigkeit der Liebe. Sie hat verstanden, was die anderen nicht sehen wollen – dass das Spiel bald aus ist. Und tatsächlich war es nach der Kreuzigung Jesu nicht möglich, seinen Körper einzusalben, weil der Sabbat gleich nach seinem Tod begann. Die Frauen, die am folgenden Tag mit Öl und Gewürzen zum Grab kamen, trafen dort zu spät ein: Er war nicht mehr da. Maria steht dort, wo in der Zeit eine neue Zeit beginnt. Auf Griechisch wird das *kairos* genannt, Gegenwart und Chance, im Gegensatz zum *chronos,* der Zeit, die nur vergeht, Tag für Tag. Maria steht im Schnittpunkt zwischen der „alten", vorherbestimmten Zeit, der Zeit, die vergeht, und der „neuen" Zeit, Gottes Zeit, die kommt und die Menschen bewegt.

Es gibt besondere Augenblicke, in denen wir von Freude und Erkenntnis erfüllt sind: Wir begegnen einem anderen Menschen und lassen alles andere liegen, oder wir erblicken einen Zweig, der von Schnee bedeckt ist und in seiner Schönheit mitten im Alltag zu strahlen beginnt bis ins Herz hinein, das vielleicht schon fast gefühllos gewesen ist – und wieder wird die Flasche mit dem wertvollen Öl zerbrochen.

Ich sehe Marta und Maria und denke: Die Liebe ist gefährlich, und es gibt viele Möglichkeiten, sich vor ihr zu schützen. Nähe kann wehtun und als bedrohend empfunden werden. Nur manchmal wird unser Schutzwall aufgebrochen und es entsteht eine echte, tiefe und kraftvolle Begegnung. Doch wenn die Stimmen in uns oder um uns anklagen: „Wofür soll das hier gut sein?", wenn die Kräfte der Zensur einsetzen und mir verbieten zu fühlen, was ich fühle, zu denken, was ich denke, und zu tun, was ich tun will, dann empfinde ich noch durch die Jahrhunderte die Wucht und die Wärme in seiner Stimme: „Lass sie sein ...". Er, der bis zu seinem Tod solidarisch ist mit meiner tiefsten Sehnsucht und sich von ihrer Stärke und Kraft nicht bedroht fühlt.

Lydia

Eine Geschäftsfrau riskiert viel

Eine von ihnen hieß Lydia.
Sie kam aus Thyatira, war Purpurhändlerin
und gehörte zu den Gottesfürchtigen.
Als sie nun zuhörte, öffnete der Herr ihr Herz,
so dass sie den Worten des Paulus aufmerksam zuhörte.

Apostelgeschichte 16,14

Sie war sicher sehr elegant gekleidet. Wenn man Purpurstoffe herstellte, so wie Lydia, konnte man einen Teil des Gewinns für Repräsentationszwecke abzweigen. Die Apostelgeschichte berichtet, dass sie in Mazedonien lebte, das zu der damaligen Zeit zu Griechenland gehörte. Sie begegnet Paulus, dem rastlosen und nervösen Rabbiner, der gegen seinen Willen und zu seinem eigenen Erstaunen von einem Verfolger der messianischen Juden verwandelt worden war in einen ihrer Anhänger, ja Anführer. Dieser Paulus hatte schon verschiedene anstrengende Reisen unternommen, um den neuen Glauben zu verbreiten, bevor er Lydia traf.

Mit Lydia gelingt der neuen jüdischen Richtung (noch sah es niemand als „neue Religion" an) der Sprung hinüber zu einem neuen Erdteil, der sich nach und nach zu „Europa" entwickeln sollte.

Lydia ist selbständige Unternehmerin. Sie handelt mit Purpurstoff, einer Luxusware, und muss also ein ordentliches Startkapital besessen haben. Nur die Reichsten hatten die finanziellen Mittel, sich mit den purpurroten Stoffen zu bekleiden, deren Färbung aus den Ausscheidungen einer wertvollen Schneckenart gewonnen wurde. Wahrscheinlich hat sie ihren Betrieb von ihrem Mann nach dessen Tod übernommen. Frauen trieben Handel, das war damals nichts Ungewöhnliches. Im Römischen Reich besaßen Frauen das Recht zu erben und das eigene Eigentum zu verwalten, auch innerhalb einer Ehe. Aber da der Name ihres Mannes nie erwähnt wird, kann man annehmen, dass er nicht mehr lebte. Lydia kann auch geschieden sein. Römische Frauen hatten das Recht zur Ehescheidung. Es war nicht ungewöhnlich, dass eine Frau oder ein Mann im Laufe des Lebens mehrmals verheiratet waren. Eheleute besaßen kein gemeinsames Eigentum. Im Falle einer Ehescheidung hatte die Frau das Recht, das Erbe ihrer Verwandtschaft sowie das selbst erworbene Vermögen zu behalten. Sie konnte auch dazu verurteilt werden, Unterhalt für die Kinder zu zahlen, wenn die nicht bei ihr, sondern beim Vater wohnten.

Eine andere Möglichkeit ist, dass Lydia eine freigelassene Sklavin war, die ihr eigenes Unternehmen gegründet hatte. In römischer Zeit gab es ganz unterschiedliche Frauen, die ein eigenes Unternehmen führten. Ein Teil von ihnen waren Grundbesitzerinnen, die nicht nur Haus und Hof von Vater- oder Mutterseite (das Erbrecht bestand für Frauen und Männer gleichermaßen) oder von ihrem Dienstherrn geerbt hatten (es kam vor, dass sich Sklavinnen mit ihrem Eigentümer vermählten), sondern auch Ländereien mit Tongruben und eigener Ziegelproduktion. Ziegel und Backsteine wurden für alle Gebäude in der wachsenden Hauptstadt benötigt, die zu Beginn unserer Zeitrech-nung ungefähr eine Million Einwohner zählte. Unter den 150 Personen, die damals im Großraum Rom Tongruben besaßen, befand sich ein Drittel Frauen.

Die Bevölkerungsgruppe der freigelassenen Sklaven hatte oft bessere Möglichkeiten als andere, eine Firma zu führen. Sie spielten eine aktive Rolle im Wirtschaftsleben, weil sie keine Rücksicht nehmen mussten auf die Auffassung der „freien Bürger“, Geschäfte seien etwas Primitives. Frauen konnten mit Seide oder Fleisch handeln, Reederein besitzen, Wein transportieren, als selbständige Näherin, Schuhmacherin oder Friseurin arbeiten oder, wenn sie kein Geschäft betrieben, als Amme, Ärztin und Hebamme, Sekretärin, Schreiberin oder Ankleiderin ihr Geld verdienen. Ärzte und Geburtshelfer, denen der Ruf ihrer Fähigkeiten vorauseilte, waren sehr angesehen, egal ob es sich um Frauen oder Männer handelte.

Da ist sie also, Lydia. Sie handelt mit den roten Farben, die die Umhänge der Kaiser schmücken und die Schönheit der reichsten Frauen betonen. Rot ist die Farbe des Blutes und der Macht. Senatoren, die höchsten Amtsträger im Reich, trugen rot gefärbte Lederstiefel mit schwarzen Bändern. Rote Teppiche wurden ausgerollt, wenn die populärsten Sänger und Schauspieler sich vor den teuersten Plätzen präsentierten.

Ab und zu geht Lydia hinunter zum Fluss in der Stadt Philippi. Vielleicht besucht sie dort ihre Sklavinnen beim Waschen der Stoffe. Vielleicht liegt ihre Purpurfärberei ganz in der Nähe, dicht am Wasser. Hier wird gehandelt und verkauft, zwischen spielenden Kindern, herumströmernden Hunden und patrouillierenden römischen Soldaten. Philippi ist eine römische Kolonie. Es riecht gut aus den Tavernen, in denen bereits Fleisch und Fisch mit Knoblauch und Kräutern für den Abend zubereitet wird. Hier stehen Frauen und verkaufen *Garum,* eine besondere Fischsoße, die ähnlich populär ist wie Ketchup heute bei uns. Irgendwo am Fluss gibt es auch eine Gebetsstätte. Das ist ein Platz, an dem sich vor allem Frauen zum Gebet versammeln. Dabei handelt es sich wohl um griechische Frauen, die von Paulus und anderen Juden als „gottesfürchtig“ bezeichnet werden, also Frauen, die sich zum jüdischen Glauben bekehrt haben. Auch Lydia geht dorthin, um zu beten. Sie hüllt sich in ein Tuch und geht hinunter zum Fluss, wo sich die einfachen Frauen versammeln. Lydia lebt in einer Gesellschaft, in der es unerhört große Unterschiede zwischen den Reichsten und den Ärmsten gibt. Dazwischen gibt es eine große Vielfalt von Menschen, die mehr oder weniger gut zurechtkommen. Sie selbst lebt vielleicht irgendwo zwischen den „Einfachen“ und den „Vornehmen“, den Armen und den Wohlhabenden. Der Begriff Mittelklasse ist noch nicht erfunden, aber träfe auf sie wahrscheinlich zu. Sie hat Verbindungen nach oben und nach unten in der Gesellschaft, besonders dann, wenn sie eine freigelassene Sklavin ist, die dabei ist, sich zu etwas Wohlstand emporzuarbeiten. Sie muss sich mit allen gutstellen.

Der Bericht in der Apostelgeschichte beginnt am jüdischen Sabbatabend. An diesem Abend erblickt sie einige Männer, die sich der Gebetsstätte nähern. Sie weiß weder, dass der ältere Paulus heißt und der jüngere Timotheus, vielleicht war auch Silas dabei, noch dass sie schon ein ganzes Stück durch Kleinasien gereist sind, um über ihren Glauben an Jesus, den Messias, zu erzählen. Sie weiß auch nichts von der nächtlichen Erscheinung, die Paulus vor einigen Tagen gehabt hat. Er sah nämlich einen Mann, der auf dem mazedonischen Festland stand und rief: „Komm herüber nach Mazedonien und hilf uns!“ Schon am nächsten Morgen entschließen sich Paulus und Timotheus, sich auf den Weg nach Mazedonien zu machen: „Wir haben verstanden, dass Gott uns gerufen hat, das Evangelium dort zu verkünden.“

Sie fahren mit dem Schiff über Samothrake und Neapolis nach Philippi. Zwar besteht die „Welt" zur Römerzeit aus dieser Region rings um das Mittelmeer; aber es bleibt doch eine besondere Überfahrt, mit der sie nun Asien verlassen und hinübergelangen nach Europa, wie wir es heutzutage nennen. Sie machen den großen Schritt zu einem neuen Kontinent.

Sie reden mit Lydia, und sie hört zu. Sie lässt sich berühren von dem, was sie hört, und will „den Weg" gehen; so wird der christliche Glaube zuerst genannt. In dem rasch fortschreitenden Bericht sieht es aus, als würde sie noch am selben Abend gemeinsam mit allen aus ihrem Haus im Fluss getauft werden. Und da sie eine freie Frau ist, die tun kann, was sie will, lädt sie hinterher Paulus und Timotheus in ihr Haus ein: „Wenn ihr jetzt überzeugt seid, dass ich an den Herrn glaube, dann kommt und wohnt bei mir." Sie ist entscheidungsfreudig, furchtlos – und offenbar gewohnt, das zu bekommen, was sie will, denn im Bericht heißt es weiter: „Und sie gab nicht nach."

Paulus bleibt eine Zeit lang in Philippi, und alles scheint bestens zu laufen – bis er einen „Fehlgriff" begeht: Er regt sich darüber auf, dass eine junge Sklavin von ihren Eigentümern dazu benutzt wird, in der Nähe der Gebetsstätte den Vorübergehenden zu weissagen. Sie ist hier eine Attraktion, und durch ihre Fähigkeit verhilft sie ihren Herren zu einem guten Verdienst. Als sie die Fremden, Paulus und seine Anhänger, entdeckt, folgt sie ihnen und ruft: „Diese Männer stehen im Dienst des höchsten Gottes und verkünden euch den Weg des Heils." Während ihre Eigentümer Beifall und Kleingeld von den Umstehenden kassieren, fühlt sich Paulus mehr und mehr von der unerwünschten Aufmerksamkeit gestört (und vielleicht auch darüber, dass er dazu beitrug, das Mädchen auszunutzen). Er dreht sich zum Mädchen um und treibt ihr den Geist aus. Doch jetzt sind ihre Eigentümer erbost: „Als sie sahen, dass ihre Hoffnung auf weiteren Gewinn enttäuscht wurde, nahmen sie Paulus und Silas fest und schleiften sie zu den Stadtbehörden."

Paulus und Silas werden für die Nacht ins Gefängnis gesteckt, mit dem schwammigen Anklagepunkt der Aufwiegelung. Sie werden erniedrigt, entkleidet und ausgepeitscht vor dem aufgebrachten Pöbel, der sie als Bedrohung des Gesetzes, der Ordnung und der Verdienstmöglichkeiten sieht. Doch sie scheinen wegen des Vorfalls nicht besonders niedergeschlagen zu sein, sondern nutzen einen Teil der Nacht zum Singen und Beten, während die anderen Gefangenen verwundert zuhören. Mitten in der Nacht kommt es zu einem Erdbeben, und alle Türen und Zellen im Gefängnis öffnen sich.

Der Gefängniswärter, der die Nachtschicht hat, ist verzweifelt: Er sieht in Gedanken schon sämtliche Gefangenen entfliehen, was für ihn mindestens die sofortige Entlassung bedeuten würde. Voller Panik denkt er schon daran, sich das Leben zu nehmen, als Paulus aus seiner Zelle ruft: „Tu dir nichts an! Wir sind noch alle da!"

Die tragikomische Verhaftung endet damit, dass der Gefängniswärter Christ wird, ihre Wunden von den Peitschenhieben wäscht und sie zu einem nächtlichen

Mahl in sein Haus lädt, um die unerwartete Auflösung des nächtlichen Dramas zu feiern. Am nächsten Morgen erscheint ein Bote, der im Auftrag des Stadtrichters mitteilt, dass Paulus und Silas sofort freizulassen sind. Doch da erhebt sich Paulus zu seiner vollen Länge (und die ist sicher nicht sehr eindrucksvoll; sein Name bedeutet „der Kleine") und protestiert: „Sie haben uns öffentlich auspeitschen lassen, ohne Urteil und Untersuchung, obwohl wir römische Staatsbürger sind, und dann haben sie uns ins Gefängnis geworfen. Und nun wollen sie uns still und heimlich fortschicken? O nein, sie sollen selbst hierher kommen und uns abholen."

Paulus wusste, was das römische Bürgerrecht bedeutete, und seine Worte fanden die richtige Wirkung: Die Richter hatten Angst, als klar wurde, dass sie einen juristischen Fehler gemacht hatten. So mussten sie persönlich kommen, um die Anstoß erregenden Gefangenen freizulassen und sie um Entschuldigung zu bitten. Im Römischen Reich existierten trotz aller Grausamkeiten und Unterdrückungen Rechtsstrukturen, die für alle freien Menschen mit römischem Bürgerrecht galten. Aber in der Hitze des Augenblicks und unter dem öffentlichen Druck kann natürlich jeder einmal vorschnell handeln ... Paulus hatte schon an anderen Orten erfahren müssen, dass es absolut nicht ohne Risiko ist, ein jesusgläubiger Jude zu sein.

Im Lichte dieses Geschehens zeigt sich noch deutlicher, dass Lydia nicht nur eine selbständige, integre Frau gewesen ist, die die jüdischen Fremden schon am ersten Abend in ihr Haus einlud. Sie muss außerdem eine mutige und risikobereite Person gewesen sein. Frauen wie Lydia spielten eine Schlüsselrolle bei der Entstehung der ersten Gemeinden. Sie war eine der Ersten, die mit ihren finanziellen Mitteln die neue „Bewegung" unterstützte. Ganz sicher frühstückten sie bei ihr nach der Nacht in Haft: „Als sie aus dem Gefängnis kamen, gingen sie mit Lydia zu ihr nach Hause."

Später wurde ihr Haus ein Treffpunkt für Christen. Von dort breitete sich die Botschaft aus, dass es in Christus keine Unterschiede und keine Unterordnung gibt: „Hier ist weder Jude noch Grieche, weder Sklave noch Freier, weder Mann noch Frau – ihr seid alle eins in Jesus Christus."

Langsam bewegt sich eine Idee von Samothrake nach Neapolis, von Neapolis nach Philippi. Sie wird später Universalismus genannt werden. Sie wird Gleichheit und Freiheit heißen. Durch Augustinus, Hieronymus und andere Größen der Alten Kirche wird sie niedergeschrieben werden, kommentiert und verbreitet, und schließlich den Beginn einer neuen Zivilisation bilden.

Vorläufig sind selbständige, wohlsituierte und gebildete Frauen Schlüsselpersonen beim Wachstum der jungen Kirche. Ihre finanziellen Zuwendungen sind gefragt. Ihre Häuser sind zugleich Gemeindezentren, Schulen und Gottesdiensträume.

Aber mit Augustinus und Hieronymus, einige hundert Jahre später, als das Christentum eine „eigene" Religion wurde, die sogar von Kaisern befürwortet wurde, verschob sich das kirchliche Wirken langsam in öffentliche Räume, Kirchen und Amtszimmer. Frauen wurden mehr und mehr an den Rand gedrängt und in die patriarchalen Strukturen eingegliedert. Aber noch ist es Morgen, Frühstückszeit. Offenheit für die Anstoß erregenden Christen. Und was Lydia betrifft, wird ein neuer Universalismus deutlich:

Der mazedonische Mann, der Paulus in einer Erscheinung begegnete, stellt sich als Frau heraus.

Bibelstellenverzeichnis

Zur Autorin

Ylva Eggehorn

Ylva Eggehorn wurde 1950 in Stockholm geboren. Sie entwickelte ein frühes Interesse an Literatur, bereits als junges Mädchen verschlang sie die Klassiker schwedischer und internationaler Autoren. Ebenso zeigte sich bereits in jungen Jahren ein besonderes Talent zum Schreiben. *Meereskind (Havsbarn)*, ihre erste Gedichtsammlung, wurde veröffentlicht, als sie dreizehn Jahre alt war. Namhafte Schriftsteller Schwedens sprachen aufgrund dieser Veröffentlichung vom literarischen „Wunderkind" Ylva.

Als Jugendliche entdeckte Ylva Eggehorn die Bibel und ließ sich taufen – zu einer Zeit, als viele junge Schweden organisierter Religion den Rücken kehrten. In Opposition zu einem Zeitgeist materiell ausgerichteter Fortschrittsutopien wurde Ylva Eggehorn in den siebziger Jahren zur Stimme einer spirituellen Menschlichkeit und tiefen Bejahung des Lebens in all seiner Begrenztheit. In ihren Gedichten steht Christus immer auf Seite derer, die gesellschaftliche Nützlichkeitserfordernisse nicht erfüllen können.

In den achtziger Jahren machte sich Ylva Eggehorn auf die Suche nach einer neuen religiösen Sprache, ihr Ton wurde persönlicher, sinnlicher. Neben ihren poetischen Texten begann sie, Kurzgeschichten zu schreiben, die in mehreren Sammlungen veröffentlicht wurden.

In den neunziger Jahren veröffentlichte sie zwei Romane. *Radio City (Kvarteret Radiomottagaren)* ist die autobiografisch gefärbte Geschichte eines kleinen Mädchens in den fünfziger Jahren des 20. Jahrhunderts. *Eine dieser Stunden (En av dessa timmar)* ist ein historischer Roman über einen sechsjährigen schwarzen Jungen, der 1772 von den Westindischen Inseln als „Geschenk" für die Königin nach Schweden verbracht wurde. Aus den Augen dieses Kindes nimmt der Roman das Schweden des klassischen Zeitalters Gustavs III. in den Blick.

In vielfältiger Weise hat Ylva Eggehorn ihre Texte in Dialog mit Musik gebracht. Sie ist Textautorin für Kompositionen des berühmten schwedischen Jazzmusikers Lars Gullin und hat mit „Abba"-Star Benny Andersson an Texten für Filmmusik gearbeitet. Der Text für das offizielle schwedische Lied zum Millenniumswechsel im Jahr 2000 *(Innan Gryningen – Vor der Dämmerung)* stammt ebenso aus ihrer Feder wie Liedtexte, die mittlerweile in das Gesangbuch der schwedischen Kirche aufgenommen sind.

Zahlreich sind die Auszeichnungen, die Ylva Eggehorn für ihr Werk erhalten hat, darunter alle wichtigen schwedischen Literaturpreise (Gustaf-Fröding-Preis, Karin-Boye-Preis, Karl-Vennberg-Preis, Johan-Olof-Wallin-Preis, Ebert-Taube-Preis für Poesie und Musik, Preis der Schwedischen Akademie). Vor allem für das vorliegende Werk biblischer Frauenporträts wurde sie von der Schwedischen Bibelgesellschaft mit einem Sonderpreis ausgezeichnet.

Ylva Eggehorn ist verheiratet und hat mit ihrem Mann Georg zwei Kinder, Elisabeth und Michael.